Stell dir vor, du wärst ...
ein Tierbaby

moses.

Impressum

Die Ratschläge in diesem Buch sind von der Autorin und dem Verlag sorgfältig erwogen und geprüft worden. Dennoch kann eine Garantie nicht übernommen werden. Eine Haftung des Verlags für Personen-, Sach- und Vermögensschäden ist ausgeschlossen.

© 2021 moses. Verlag GmbH
1. Auflage 2021

moses. Verlag GmbH
Arnoldstraße 13d
47906 Kempen
Fon 02152 – 20 98 50
Fax 02152 – 20 98 60
Mail info@moses-verlag.de
www.moses-verlag.de

ISBN 978-3-96455-147-4

Text: Bärbel Oftring
Coverillustration: Alexandra Helm
Coverfoto: Zhao jiankang/AdobeStock
Innenillustrationen: Alexandra Helm
Fotos: siehe Bildnachweise, letzte Seite
Layout, Typographie und Satz: Melanie Dahmen, Grafik-Design & Art-Direktion
Redaktion: Ina Lutterbüse

Printed in Poland

Klimaneutral
Druckprodukt
ClimatePartner.com/14161-2001-1001

FSC
www.fsc.org
MIX
Papier aus verantwortungsvollen Quellen
FSC® C018236

EXPEDITION NATUR

Stell dir vor, du wärst ... ein Tierbaby

Bärbel Oftring

mit Illustrationen von Alexandra Helm

moses.

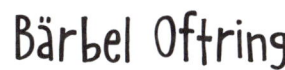

Inhalt

Stell dir vor, du wärst ...

Stell dir vor, du wärst ...
ein Tierbaby

Du hast dir bestimmt schon mal gewünscht, ein Tierkind zu sein. Wie wäre es wohl mit deinen Welpengeschwistern nach wilden Spielen im Körbchen zu kuscheln oder als Fohlen mit Wind in der Mähne über eine Wiese zu galoppieren, einen ganzen dunklen kalten Winter lang als Bärenkind neben Mama in einer Höhle zu ruhen oder als Vogelkind deine ersten Flugversuche zu unternehmen.

In diesem Buch findest du über 20 verschiedene kleine und große Tierbabys, die bei uns in Gärten und Wäldern, auf Feldern oder am Wasser geboren werden und aufwachsen. Mal ganz allein, mit ihrer Mutter oder mit beiden Elternteilen. In jedem Text schlüpfst du in die Haut eines anderen Tierkindes: So kannst du in deiner Fantasie in die Rolle vieler junger Tiere schlüpfen. Du wirst sicherlich manche Dinge entdecken, die dich überraschen. Vielleicht hast du Lust, aus Pappe und Farben eine tolle Tiermaske für ein Kätzchen, ein Küken oder ein Rehkitz zu basteln oder aus Decken und Kissen ein Nest für Igelkind oder Meisenküken herzurichten. Dir fällt bestimmt noch mehr ein, was du als Tierbaby brauchst, damit es dir gut geht und du glücklich heranwachsen kannst.

Und nun geht's los: Sei gespannt, was du alles als Tierbaby erlebst!

Stell dir vor, du wärst ...
ein Welpe

Alle Welpen spielen gern! Wenn du satt und ausgeruht bist, geht es los. Du bist sechs Wochen alt und deine vier Geschwister sind deine liebsten Spielkameraden. Neugierig erkundet ihr zusammen die nähere Umgebung und beißt in alles hinein, was euch vor die Schnauze kommt.

Du raufst gern und schnappst nach Fell und Schwanz der anderen – doch wenn einer zu fest in dein Ohr gezwickt hat, jaulst du kurz. So zeigst du, was dir weh tut und dein Spielkamerad hört auf. Auch Bellen und Knurren beherrschst du schon!

Deine Lieblingsspiele sind Wettrennen und Verstecken. Weil du schnell rennen kannst und eine Supernase hast, gewinnst du oft. Dein Bruder mag viel lieber Seilziehen: Er schnappt sich ein Stück Seil, läuft davon und du hinterher. Wenn du dann das Seil zu fassen bekommst, ziehst du daran, so fest du kannst. Wer wird wohl gewinnen?

Nach dem Spielen bist du hungrig: Du läufst zu deiner Mutter, umschließt ihre Zitze mit deinen Lippen und beginnst Milch zu saugen. Das macht dich schläfrig und bald döst du sanft ein.

Das bist du!

HAUSHUND

Anzahl von Babys bei einer Geburt: 3 - 12

Bei der Geburt:

Körperlänge: Das hängt von der Größe der Rasse ab

Gewicht: Das hängt von der Größe der Rasse ab

Ausgewachsen:

Körperlänge: 20 - 100 cm plus Schwanz

Gewicht: von 500 g bis 72 kg

Alter: bis zu 20 Jahre

CHIHUAHUA
Schulterhöhe: 15 cm
Gewicht: 500 – 2 500 g

MITTELPUDEL
Schulterhöhe: 45 cm
Gewicht: 12 – 14 kg

IRISH WOLFHOUND
Schulterhöhe: 86 cm
Gewicht: über 55 kg

Es gibt viele unterschiedliche Hunderassen in verschiedenen Farben und Größen!

Der **kleinste** und der **größte** Hund der Welt – Chihuahua (links) und Iris Wolfshound (rechts)

Neugeboren

Deine Geburt

9 – 10 Wochen wächst du im Bauch deiner Mutter heran. Wenn die Geburt naht, sucht die Hundemama die Wurfkiste auf.

Du wirst in einer festen Fruchtblase geboren, die bei der Geburt meist aufreißt oder von deiner Mutter vorsichtig aufgebissen wird. Dann kannst du deinen ersten Atemzug machen. Die Mutter frisst die Fruchtblase (sie versorgt sie mit Vitaminen und Nährstoffen) und leckt dich trocken. So massiert sie dich und bringt deinen Kreislauf in Schwung. Du rutschst zu ihrem Bauch. Obwohl du blind bist, findest du sofort eine Milchzitze und saugst zum ersten Mal Milch. Nacheinander werden nun die anderen Hundebabys geboren. In den ersten Tagen trinkst du nur Milch und schläfst. Erst nach 3 - 4 Tagen beginnst du auf wackeligen Beinchen herumzukriechen.

Deine Zähne

Drei Wochen nach deiner Geburt bekommst du Milchzähne: Nun magst du, neben Milch von Mama, auch feste Nahrung probieren, jeden Tag ein bisschen mehr.

Mit ungefähr acht Wochen mag dich deine Mutter nicht mehr säugen. Sie weist dich ab, wenn du zu ihren Zitzen läufst. Nun gibt es nur noch Welpenfutter für dich.

Wenn du vier bis sieben Monate alt bist, fallen die Milchzähne aus und die bleibenden Zähne wachsen nach. Mit denen kannst du sogar Knochen zerkauen!

Weil Hunde keine süßen Sachen essen, bekommen sie keine Karies. Ihre Zähne putzen sie, wenn sie auf harten Stöckchen herumkauen.

So wächst du heran

- **1. und 2. Lebenswoche:** Du bist blind, taub und kannst noch nicht gut riechen; zur Verständigung fiepst du.
- **3. Lebenswoche:** Deine Augen öffnen sich.
- **4. bis 7. Lebenswoche:** Nun kannst du gut sehen, hören und riechen. Du nimmst deine Mutter und deine Geschwister wahr und erkennst sie ebenso wieder wie die Menschen rundherum. Dir bekannte Wesen begrüßt du freudig! Du beginnst neugierig deine Umgebung zu erkunden.
- **8. bis 12. Lebenswoche:** Nun lernst du beim Spielen, wie du mit anderen zusammenleben kannst. Wenn du zu grob bist, jaulen die Geschwister auf oder die Mutter greift ein.
- **Nach der 12. Woche:** Du bist jetzt selbstständig und kannst ohne deine Mutter leben.

Deine Sprache

Wenn du bellst, warnst du vor fremden Menschen und vor Gefahr.

Stellst du deine Ohren auf, so bist du wach und hörst aufmerksam hin.

Legst du deine Ohren flach nach hinten, bist du unsicher und hast Angst.

Wedelst du locker mit deinem Schwanz auf Körperhöhe, bist du aufgeregt oder freust dich.

Klemmst du deinen Schwanz zwischen den Beinen ein, hast du große Angst.

Stellst du deinen Schwanz hoch auf und bewegst ihn nur langsam, willst du nicht, dass der andere sich dir nähert – dazu knurrst du oft und sträubst dein Fell im Nacken.

Ziehst du deine Lefzen hoch, drohst du dem anderen.

Wenn du gähnst, zeigst du dem anderen, dass du ihm nichts zuleide tust.

Gehst du mit deinem Vorderkörper tief auf den Boden und reckst dazu deinen Po in die Höhe, forderst du den anderen zum Spielen auf.

Welsh Corgi Pembroke Welpe

In der Welpenschule

Damit du gut mit den Menschen leben kannst, musst du gut erzogen sein. In der Welpenschule lernst du anhand von Körperzeichen diese Befehle:

Lucy komm!

Heranwinken mit der Hand

Lucy sitz!

Hand heben mit Zeigefinger nach oben

Lucy Platz!

Handfläche zeigt waagerecht nach unten

Lucy bleib!

Hand heben und Handfläche zeigt nach vorne

Lucy nein!

Kopf- und Handschütteln

Jedes Mal, wenn du deine Aufgabe gut gemacht hast, bekommst du ein Leckerli.

Stell dir vor, du wärst …
ein Kätzchen

Als Kätzchen musst du in deinen ersten Lebensmonaten viel lernen. Du spielst gern mit einem Ball oder Wollknäuel. Dabei übst du, wie du dich lautlos anschleichst, auflauerst und jagst. Bald kannst du geschickt den Ball packen, sogar wenn er schnell am Boden rollt.

Im Garten läufst du auf dem schmalen Holzzaun entlang, dabei hältst du mit deinem Schwanz das Gleichgewicht, sonst purzelst du herunter. Beim ersten Mal warst du noch unsicher, doch jetzt gelingt dir das schon richtig gut. Von dort oben (oder einer anderen hohen Stelle) beobachtest du alles, was rundherum geschieht. Beim Klettern setzt du deine scharfen Krallen ein. Du bist mutig und erklimmst den Apfelbaum: Schritt für Schritt krallst du dich in die Rinde und erreichst den untersten Ast, auf dem du stolz balancierst. Doch wie kommst du wieder hinunter? Der Stamm ist so steil! Du zögerst und probierst es schließlich, mehr fallend als kletternd landest du wieder auf dem Erdboden. Gut gemacht, kleines Kätzchen! Jetzt schnell zurück zu Mama und deinen Geschwistern.

Es gibt viele unterschiedliche Katzenrassen in verschiedenen Farben und Größen!

Das bist du!

HAUSKATZE

Anzahl von Babys bei einer Geburt: 2 - 7

Bei der Geburt:

Körperlänge: 8 - 13 cm plus Schwanz

Gewicht: 60 - 140 g

Ausgewachsen:

Körperlänge: etwa 50 cm plus 25 - 30 cm Schwanz

Gewicht: meist 4 kg

Alter: bis zu 20 Jahre

Auffällig: weiches Fell, runder Kopf mit dreieckigen Ohren, Krallen an den Zehen können eingezogen werden

Feinde: Auto, Marder, Fuchs, Eulen

Deine ersten Lebenswochen

Als du und deine Geschwister geboren wurdet, wart ihr ganz klein und gerade mal so schwer wie eine Tafel Schokolade. Ihr hattet zwar schon weiches Fell, aber wart blind und taub. Wenn ihr hungrig wart, habt ihr Milch bei eurer Mutter gesaugt. Und dann wieder ganz tief geschlafen.

Deine Mutter hat gut auf dich und deine Geschwister aufgepasst: Wenn es rund um den Katzenkorb zu unruhig wurde oder sie sich bedroht gefühlt hat, ist sie mit euch umgezogen. Dazu hat sie dich und deine Geschwister einzeln am Nackenfell ins neue Versteck getragen. Du hast dabei ganz stillgehalten.

Im Alter von zwei Wochen hast du zum ersten Mal dein Versteck verlassen und bist vorsichtig umhergetapst.

Deine Körperpflege

Du bist sehr reinlich! Täglich putzt du gründlich dein Fell und leckst alle Stellen mit deiner rauen Zunge ab. Wo du nicht hinkommst, reibst du dich mit deinen Pfoten ab. Und deine Krallen hältst du schön scharf, indem du sie am Kratzbaum wetzt.

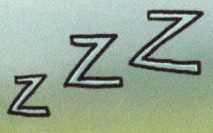

Dein Schlaf

Als Kätzchen schläfst du gern dort, wo es kuschelig warm ist. Wenn du müde bist, gähnst du. Dann schließt du die Augen und döst. Selbst im tiefen Schlaf entgeht deinen Ohren kein Geräusch: Sofort öffnest du die Augen. Droht Gefahr, bist du hellwach – ist alles okay, schließt du sie wieder und döst weiter. Wenn du ausgeschlafen hast, gähnst du mit weit offenem Maul, dann streckst und reckst du dich ausgiebig. Jetzt bist du bereit für das nächste Abenteuer.

Stell dir vor, du wärst ...
ein Kaninchenbaby

Als Kaninchenbaby wirst du in einer dunklen, sicheren Ecke im Kaninchenhaus geboren, die deine Mutter mit weicher Streu und Haaren aus dem eigenen Fell ausgepolstert hat. Gleich nach der Geburt brauchst du es nämlich warm: Du bist nur so groß wie ein Hühnerei. Weil du kein Fell hast, kühlt dein Körper rasch aus. Du kannst auch nichts sehen und nichts hören. Doch deine Mutter sorgt gut für dich: Sie legt sich auf die Seite, sodass du und deine Geschwister sich zu ihren Zitzen vortasten könnt. Der erste Schluck der Muttermilch ist besonders wichtig: Er enthält viele Abwehrstoffe, die dich stark machen. Doch das Saugen ist anstrengend und du schläfst ein, so wie die meiste Zeit in deiner ersten Lebenswoche. Im Schlaf merkst du gar nicht, wie dir langsam ein zartes flaumiges Fell wächst und wie rasch du größer wirst: Schon nach einer Woche wiegst du doppelt so viel wie bei deiner Geburt!

Und genauso schnell entwickelst du dich weiter: Nach **zwei Wochen** haben sich deine Äuglein und Ohren geöffnet und du siehst deine Familie und hörst alles was im Nest geschieht. Nun hast du auch ein flauschiges Fell. Und du wiegst jetzt so viel wie vier Hühnereier! Nach **drei Wochen** bist du schon richtig munter. Die Neugierde treibt dich immer wieder aus dem warmen Nest heraus: Mal schauen, was es da draußen alles zu entdecken gibt! Doch sobald deine Mutter warnend mit ihren Hinterpfoten auf den Boden trommelt oder laut pfeift, saust du so schnell du kannst zurück ins warme Nest.

Mit **sechs Wochen** bist du kein Baby mehr, sondern ein fittes Kaninchenkind: Du spielst mit deinen Geschwistern, läufst mit ihnen um die Wette und übst das Haken schlagen. Jetzt ernährst du dich nur noch von zarten Knospen und Blättern. Und du hast gelernt, wie du dir ganz allein dein Fell putzt – das ist wichtig, damit es dich immer schön wärmt.

Mit **acht Wochen** ist deine Kindheit vorbei: Du bist jetzt genauso groß und fit wie die erwachsenen Kaninchen – und weitere vier Wochen später könntest du dich sogar mit einem anderen Kaninchen paaren und selbst Eltern werden.

Deine Familie

Als Kaninchen willst du niemals allein sein: Nur in deiner Familie fühlst du dich wohl. Du kuschelst gern und suchst immer engen Kontakt zu anderen Kaninchen. Nachts schläfst du immer gern eng beisammen.

Das bist du!

HAUSKANINCHEN

Anzahl von Babys bei einer Geburt: 2 – 6

Es gibt viele unterschiedliche Kaninchenrassen in verschiedenen Farben und Größen!

Bei der Geburt:

Körperlänge: bis zu 5 cm

Gewicht: wenige Gramm

Ausgewachsen:

Körperlänge: 35 – 45 cm

Gewicht: bis zu 2,2 kg

Alter: bis zu 9 Jahre

Auffällig: rundlicher Körper mit Stummelschwanz (Blume genannt), runder Kopf mit Löffelohren

Feinde: Fuchs, Marder, Iltis, Hermelin, Eulen, Greifvögel

Aha!

Manchmal wird das Hauskaninchen auch Stallhase genannt. Doch es ist kein Hase, sondern stammt vom heimischen Wildkaninchen ab. Kaninchen leben in großen Familiengruppen in einem unterirdischen Bau. Hasen hingegen sind Einzelgänger, die niemals in der Erde buddeln. Wenn du wissen willst, wie ein Hasenkind heranwächst, blättere auf Seite 34.

Stell dir vor, du wärst ...
ein Fohlen

Fast ein Jahr hat es gedauert bis du im Bauch deiner Mama groß genug geworden bist. Jetzt ist es soweit! Mit einem Rutsch landest du im Stroh und nimmst deinen ersten Atemzug. Es ist kalt und hell hier draußen. Doch da kommt Mama und leckt dich mit ihrer warmen Zunge ab – dir wird gleich wärmer. Langsam gewöhnst du dich an das Licht und erkennst Mama und deine Box. Jetzt wird es aber Zeit aufzustehen – du drückst deine Hufe in den Boden und stemmst dich wackelig auf deinen dünnen Beinen in die Höhe. Geschafft! Sobald du stehst, suchst du die Zitzen am Bauch deiner Mutter und saugst kräftig Milch.

Wie deine Vorfahren in der Steppe stehst du bereits am Tag deiner Geburt mit allen Pferden der Herde auf der Weide. Du bleibst dicht bei deiner Mutter und knabberst auch schon an Gräsern herum. Mit deiner feinen Nase erschnupperst du die leckersten Halme. Bald traust du dich immer weiter von deiner Mutter weg und spielst mit den anderen Fohlen: Wettrennen, kleine Galoppsprünge und über die Wiesen toben machen dir am meisten Spaß. So wirst du von Tag zu Tag immer kräftiger und fitter. Das ist wichtig, denn wie alle Pferde kämpfst du nicht bei Gefahr oder versteckst dich, sondern rennst so schnell davon, wie du kannst.

Das bist du!

HAUSPFERD

Anzahl von Babys bei einer Geburt: 1

Bei der Geburt:

Körperlänge: 40 – 145 cm

Gewicht: 30 – 60 kg

Ausgewachsen:

Schulterhöhe: Minipony 40 cm bis 2,20 m Shire Horse / Pony bis 148 cm, Pferd ab 148 cm

Gewicht: 90 – 1 200 kg

Alter: meist bis zu 35 Jahre, Altersrekord 62 Jahre

Auffällig: kräftiger Leib mit dünnen Beinen, kräftiger Hals mit schlankem Kopf, lange Mähne, langer Schweif

Die Pferdemutter heißt Stute, der Pferdevater Hengst.

Es gibt viele verschiedene Pferde-und Ponyrassen in unterschiedlichen Farben und Größen!

- nicht sichtbar
- nur für ein Auge sichtbar
- für beide Augen sichtbar, hier sieht es räumlich

Deine Augen

Als Fohlen blickst du nicht nach vorne wie die Menschen. Weil deine Augen seitlich am Kopf sitzen, kannst du rundherum immer fast alles sehen, ohne den Kopf zu wenden. Nur hinten gibt es einen schmalen Bereich, den du nicht mit deinen Augen erfassen kannst.

Dafür kannst du nur in einem kleinen Bereich vorne räumlich sehen (also zwischen vorne und hinten unterscheiden), nämlich dort, wo sich das Sichtfeld deiner beiden Augen überschneidet. Aber Entfernungen genau abzuschätzen, ist nicht so wichtig für dich: Du musst keine Maus oder ein anderes Tier fangen, sondern frisst Gräser – und die laufen ja nicht weg!

Du kannst auch nicht so gut scharf sehen – alles, was weiter als 10 m von dir entfernt ist, siehst du nur verschwommen.

Auch kannst du nicht alle Farben wahrnehmen: Blau und Gelb erkennst du gut, Rot hingegen nicht.

Dafür hast du Spiegelaugen! Dadurch kannst du nachts viel besser sehen und nimmst die Umgebung viel heller wahr, als sie tatsächlich ist.

Dein Schlaf

Wie alle Tierkinder schlafen auch die Fohlen viel länger als die erwachsenen Pferde. Fohlen schlafen in drei verschiedenen Positionen:

1. Beim Schlafen im Stehen senkt das Fohlen seinen Kopf, schließt die Augen und lässt die Unterlippe hängen. Außerdem steht es abwechselnd mal auf dem rechten und mal auf dem linken Hinterbein. Das Fohlen döst vor sich hin, hört aber alles und kann bei Gefahr sofort fliehen.

2. Sind die Beine müde, legt sich das Fohlen zum Schlafen auf die Brust. Dazu zieht es seine Vorder- und Hinterbeine unter den aufrechten Körper und stützt den schweren Kopf ab, indem es das Kinn auf den Boden legt. Die Ohren bewegen sich immer dorthin, wo Geräusche herkommen. Aber zum Fliehen muss das Fohlen erst aufstehen. In dieser Position schlafen Fohlen viele Stunden am Tag.

3. Wenn sich das Fohlen absolut sicher bei Mama fühlt, legt es sich auf eine Körperseite und streckt die vier Beine weit von sich. Nun kann es tief schlafen und träumen. Doch selbst Fohlen stehen spätestens nach 15 Minuten wieder auf – sie wissen schon jetzt instinktiv, dass ihr Körper bald viel zu schwer ist, um lange auf der Seite liegen zu können.

Probiere einmal alle Schlafpositionen aus!

Deine Sprache

Als Herdentier musst du als Fohlen die Pferdesprache lernen.

• Wenn ein Pferd schnaubt, ist es aufgeregt.

• Nach vorn aufgestellte Ohren bedeuten: Ich bin aufmerksam und hab was Spannendes gehört!

• Angelegte Ohren bedeuten: Ich bin ängstlich.

• Zeigt ein Ohr nach vorne und das andere nach hinten, bedeutet das: Ich bin unsicher, angespannt oder neugierig.

• Mit dem Schweif um sich schlagen, bedeutet: Ich vertreibe Fliegen. Wenn keine Fliegen da sind: Ich fühle mich nicht wohl.

• Den Kopf hin und her schlagen und mit den Hufen stampfen, bedeutet: Ich bin ungeduldig. Ich mag nicht mehr.

• Wenn zwei Pferde parallel nebeneinanderstehen, laufen oder sich so putzen, so sind sie Freunde.

• Hinterteil zudrehen, bedeutet: Ich warne dich!

• Bein heben ist eine deutliche Warnung: Hau ab! Wenn man darauf immer noch nicht reagiert, tritt es mit den Hufen aus.

Deine Nahrung

Sechs bis zwölf Monate lang saugst du Milch bei deiner Mama. Doch schon kurz nach der Geburt beginnst du, feste Pflanzennahrung zu dir zu nehmen: feine Gräser magst du gern. Je älter du wirst, umso mehr Pflanzen frisst du: Gras, Hafer und Heu, oder auch gern Äpfel und Karotten. Ein Pferd muss auch viel trinken – täglich bis zu zehn Liter Wasser. Als Fohlen schaffst du das aber nicht. Lebensnotwendige Mineralien leckst du von einem Salzleckstein auf.

Aha!

Du hast besondere Füße, denn du gehst nur auf dem mittleren Finger. Zum Schutz bildet der Fingernagel einen breiten Huf.

Stell dir vor, du wärst ...
ein Lamm

Als Lamm lebst du mit deiner Mutter und deinem Geschwisterlein auf einer großen Weide.
Ihr seid nicht allein, denn ihr wohnt dort mit vielen anderen Schafen: Das sind weitere Mütter,
die auch ein oder zwei Lämmer großziehen.

Langeweile kennst du nicht. Du tobst gern mit den anderen Lämmern über die Wiese, hüpfst mit
weiten Sprüngen herum, dabei kannst du sogar gleichzeitig mit allen vier Beinen hochspringen.
Übermütig machst du ein paar Sätze vorwärts, hüpfst dann seitwärts und zum Abschluss schlägst du
geschwind mit deinen Hinterbeinen aus. Du hast viel Spaß, wenn du um die großen Schafe schnelle
Runden drehst. Die fressen einfach weiter und achten gar nicht auf dich. Da wirst du übermütig
und rempelst das nächste Schaf im Lauf mal kurz mit deinen Vorderhufen an. Es reagiert nicht,
du machst einen Satz über seinen herabgebeugten Kopf. Jetzt hat es genug von dir kleiner
Nervensäge und läuft ein paar Meter weiter, um dort in Ruhe weiterzufressen.

Du stoppst im Lauf, schaust dich um und entdeckst deine Mutter: „Määh". Du läufst zu ihr, beugst
deinen Kopf zwischen ihre Beine und saugst ein bisschen Milch aus den Zitzen. Kurz boxt du mit
deinem Kopf in ihren Bauch, damit mehr Milch fließt. Nach ein paar Schlucken macht deine Mutter
ein paar Schritte nach vorne und legt sich ab, sie beginnt wiederzukäuen. Du bleibst stehen und
weil du nichts Interessantes entdeckst, legst du dich neben sie.

Deine Geburt

Zuerst erscheinen die Hufe deiner Vorderfüße in der Geburtsöffnung. Wenn dann der Kopf und die Schultern draußen sind, fällst du von ganz allein heraus. Dabei reißt auch die Nabelschnur. Deine Mutter beugt sich zu dir neugeborenem Lamm und leckt die Nase frei, damit du gut atmen kannst. Danach leckt sie dich trocken und beschnuppert deinen ganzen Körper. So prägt sich ihr dein Geruch ein, sodass sie dich stets unter den vielen anderen Lämmern erkennt. Du hingegen hörst genau zu, wie deine Mutter blökt – an ihrer Stimme erkennst du sie von Weitem in der Herde. Kurz darauf wird das zweite Lamm geboren. Schon eine halbe Stunde nach der Geburt stehst du staksig auf deinen Beinen. So saugst du zum ersten Mal Milch.

In deinen ersten beiden Lebenswochen kannst du nur flüssige Nahrung zu dir nehmen. Danach beginnst du langsam auch feste Pflanzennahrung zu fressen: Zunächst knabberst du an zarten Halmen und feinen Kräutern und trinkst Muttermilch – doch von Tag zu Tag werden es immer mehr Pflanzen, die du wiederkäust und immer besser verdauen kannst. Wenn du fünf Wochen alt bist, brauchst du keine Muttermilch mehr – aber du versuchst trotzdem immer mal wieder, an Mamas Zitzen zu saugen.

Dein Fell

Schon Lämmer tragen ein dichtes wolliges Fell, das den Körper warm und trocken hält. Selbst bei starkem Regen wird nur das äußere Fell nass, während das innere Fell immer trocken und warm bleibt. Die Haut gibt Lanolinfette ab, die das Fell wasserdicht machen. Das fühlt man: ein Schaffell fühlt sich immer fettig an.

Das Fell wächst immer weiter, so wie deine Haare auf dem Kopf. Wenn ein Lamm ein halbes Jahr alt ist, ist das Fell so lang geworden, dass es zum ersten Mal geschoren wird. Alle Schafe werden einmal im Jahr geschoren. Aus dem geschorenen Fell wird Wolle gemacht, die den Menschen besonders warmhält.

Das bist du!

HAUSSCHAF

Anzahl von Babys bei einer Geburt: 1 – 2

Bei der Geburt:

Gewicht: 4 – 6 kg

Ausgewachsen:

Körperlänge: 1,1 – 1,3 m

Gewicht: 25 – 55 kg

Alter: meist 10 – 12 Jahre, höchstens 20 Jahre

Auffällig: kräftiger Körper, wolliges Fell, dünne Beine mit Hufen. Männchen (Böcke, Widder) und Weibchen tragen natürlicherweise gewundene Hörner auf dem Kopf, die bei vielen Schafrassen weggezüchtet wurden.

Feinde: Bär, Wolf, Mensch

Es gibt viele verschiedene Schafrassen in unterschiedlichen Farben und Größen!

Stell dir vor, du wärst ...
ein Hühnerküken

Drei Wochen lang hast du dich im warmen Innern der Eischale entwickelt. Nun bist du so groß geworden, dass du das gesamte Innere ausfüllst. Es ist so eng in der Schale, du kannst dich kein bisschen mehr bewegen, weder einen Fuß noch die kleinen Flügelchen. Und so klopfst du mit dem Eizahn auf deinem Schnabel an die Schale.

Du klopfst und klopfst, endlich gibt die harte Schale an einer Stelle nach und ein dünner Lichtstrahl fällt ins dunkle Innere. Doch du bist vom Klopfen so erschöpft, dass du erst mal ein kleines Päuschen machen musst. Wenn du neue Kraft geschöpft hast, klopfst du weiter – das Loch bekommt Risse und endlich fallen kleine Schalenstücke ab. Unermüdlich pickst du von innen, bis die Schale endlich zerbrochen ist: Du bist geschlüpft!

Du ruhst dich aus, dabei trocknen deine weichen Daunenfedern. Schon nach kurzer Zeit bist du fit. Du nimmst deine Geschwisterküken wahr und siehst zum ersten Mal deine Mutter: Sofort erkennst du sie an ihrem typischen Gackern, schon während deiner Zeit im Ei hast du dir ihre Stimme eingeprägt. Du bleibst ganz nah bei ihr, flitzt sofort hinter ihr her und scharrst sogar schon wie sie mit deinen kleinen Krallen am Boden nach Samen und Körnern, Würmern, Insekten und Schnecken. Und wenn es dunkel wird, schlüpfst du unter ihr Gefieder: Da ist es herrlich warm!

Das bist du!

HAUSHUHN

Anzahl von Babys bei einer Geburt: 5 - 6

Bei der Geburt:

Körperlänge: 5 - 7 cm

Gewicht: 40 - 60 g

Ausgewachsen:

Gewicht: 1,5 - 2,2 kg, große Rassen bis zu 5,5 kg

Alter: 5 - 7 Jahre

Auffällig: buntes Gefieder, Kopf mit einem roten Kamm, der beim Hahn größer ist

Feinde: Wiesel, Marder, Fuchs, Mäusebussard, Rotmilan und andere Greifvögel, Katze

Es gibt viele verschiedene Hühnerrassen in unterschiedlichen Farben und Größen!

Deine Mutter

Eine Hühner Mama ist die beste Mama. Fürsorglich brütet sie etwa drei Wochen lang die Eier aus. Nach dem Schlüpfen zeigt sie ihren Küken, was sie fressen können. Sie schützt die Küken vor anderen Hühnern und warnt sie vor Gefahren, etwa wenn eine Katze herumschleicht. Dann verschwinden die Küken rasch im Gefieder der Mutter. Wenn die Küken fünf Wochen alt sind, brauchen sie ihre Mama nicht mehr. Dann können sie allein für sich sorgen, bleiben aber bei den anderen Hühnern.

Deine Familie

Hühner leben meist in Gruppen, in der es eine Rangordnung gibt. Der Hahn verteidigt seine Hühner gegen Feinde. Besonders laut kräht er morgens vor Sonnenaufgang: Kikeriki!

So trinkst du

Samen und Körner sind sehr trocken, darum musst du viel trinken. Beim Trinken tauchst du den Schnabel ins Wasser und schöpfst mit dem Unterschnabel ein bisschen Wasser. Dann hebst du den Kopf hoch in den Nacken und das Wasser läuft einfach den Hals hinunter.

Stell dir vor, du wärst ...
ein Igelkind

Über drei Wochen hast du nun im Nest verbracht. Die vielen täglichen Milchmahlzeiten haben aus dir ein munteres Igelkind gemacht: Heute findet der erste Ausflug in den Garten statt! Die Igelmutter verlässt das Nest und du und deine lieben Geschwisterlein folgen ihr. Sie begleitet euch jedoch nur ein kurzes Stück, dann läuft jeder von euch allein weiter.

Aufgeregt beginnst du die neue Welt zu erkunden: Mit feuchter Nase schnupperst du an allem, was dir begegnet. Da, eine Schnecke hat sich unter einem Blatt versteckt. Doch deine gute Nase findet sie ganz schnell. Laut schmatzend verschlingst du sie. Du willst noch mehr probieren, aber die meisten Käfer sind viel zu schnell für dich unerfahrenen Jäger. Und auch ein Regenwurm entkommt ins Erdreich. Da entdeckst du eine Assel: Bäh, schmeckt die eklig. Als du müde wirst, zwitscherst du wie ein Vogel nach deiner Mutter. Da kommt sie schon. Zurück im Nest gibt es wieder eine Portion Muttermilch für jedes Igelkind.

Deine Geburt

Eine Igelmutter ist 5 Wochen lang trächtig.
Wenn die Zeit der Geburt naht, baut sie rasch
zwischen dichtem Gestrüpp ein großes Nest. Damit
es schön warm ist, polstert sie das Nest mit trockenem
Moos, Gras und Laub aus. Darin wirst du (und deine bis zu 5 Geschwister)
geboren. Bei der Geburt bist du 6 cm lang und wiegst so viel wie eine Walnuss.
Du bist noch blind und taub, weil Augen und Ohren geschlossen sind. Dein
Rücken ist mit rund 100 weißen Stacheln bedeckt – damit sie deine Mutter bei
der Geburt nicht verletzen, sind sie noch ganz weich.

Deine Babykost

In den ersten 6 Lebenswochen trinkst du Muttermilch. Sobald du die ersten Ausflüge machst,
kommt feste Nahrung dazu: Regenwürmer, Käfer, Ohrwürmer und Insektenlarven, manchmal
auch eine Schnecke, Fliege oder Tausendfüßer. Du naschst auch an einem heruntergefallenen
Apfel und anderem reifen Obst. Und wenn du ein Vogelei findest, lecker! So genährt, nimmst
du in den ersten beiden Lebenswochen jeden Tag 3 Gramm zu, danach sogar täglich 4 Gramm.

Deine kurze Kindheit

Als Igelkind wirst du ziemlich schnell groß: Schon im Alter von 2 – 3 Monaten bist du selbstständig.
Dann hast du alles gelernt, was du zum Leben brauchst – du hast eifrig das Laufen und
Schwimmen trainiert, du weißt, was gut schmeckt, wie du dich bei Nacht zurechtfindest, wo
du einen guten Schlafplatz findest und dass du dich bei Gefahr zu einer stacheligen Kugel
zusammenrollst (das hast du mehrmals mit Nachbars Katze geübt!).
So ist es nun an der Zeit, deine Mutter und die Geschwister zu verlassen.
Los geht's, immer deiner guten Nase nach.

Aha!

Deinen Vater lernst du
nicht kennen, denn die
Igelmutter zieht ihre
Jungen allein groß.

Das bist du!

EUROPÄISCHER IGEL

**Anzahl von Babys bei
einer Geburt:** 2 – 6

Bei der Geburt:

Körperlänge: 6 cm

Gewicht: 12 – 25 g

Ausgewachsen:

Körperlänge: 24 – 30 cm

Gewicht: 600 – 1500 g

Alter: meist nur 2 – 4 Jahre, sehr selten auch bis zu 7 Jahre

Auffällig: Erwachsene Igel besitzen ein Stachelkleid, das aus bis
zu 10 000 sehr spitzen Stacheln besteht. Igel sind nachtaktiv.
Den Winter (Oktober/November bis April) verbringen Igel
schlafend im dicht gepolsterten Nest.

Feinde: vor allem der Mensch, natürliche Feinde sind Dachs
und Uhu

Stell dir vor, du wärst ...
ein Eichhörnchenkind

Sechs Wochen lang bestand deine Welt als Eichhörnchenbaby nur aus dem engen Kobel. Hoch oben in der Baumkrone hast du dich im weichen Nest dicht an deine Mutter und deine gleichaltrigen Geschwister gekuschelt – doch nun bist du zu einem neugierigen Eichhörnchenkind herangewachsen: Höchste Zeit, das Nest zu verlassen und die Welt draußen kennenzulernen.

Mit einem Satz bist du draußen, hältst dich mit deinen scharfen Krallen in der Rinde des Stammes fest und läufst noch ein paar Schritte weiter auf den nächsten Ast. Die Höhe und das Wackeln des Astes machen dir nichts aus, nur dein Körper ist noch ungeübt. Das ändert sich rasch: Von Tag zu Tag turnst du mehr an Stamm und Ästen, immer mutiger springst du bis in die dünnsten Zweigzipfel und bald spielst du ausgiebig mit deinen Geschwistern Fangen, Verstecken und Wettklettern im Baum. Wenn dann deine Mama loszieht, um Nahrung zu finden, begleitet ihr sie gern: Interessant, was sie so alles isst – Himbeeren und Brombeeren, eine fette Raupe, ein erster Pilz. Jedes Mal, wenn sie etwas gefunden hat, drängt ihr euch dicht um sie und klaut ihr kleine Nahrungsbrocken aus den Händen. So lernt ihr, was alles gut schmeckt.

Dein Geburtsort

Deine Mama bringt zweimal im Jahr Junge zur Welt – im Frühjahr und im Sommer. Vor der Geburt baut sie ein großes Kugelnest aus Ästen und Zweigen in die dichte Krone eines Baumes. Innen ist es mit Moos und Blättern ausgekleidet. Dieses besondere Nest heißt Wurfkobel und liegt in 5 – 15 m Höhe!

Das bist du!

EICHHÖRNCHEN

Anzahl von Babys bei einer Geburt: 1 – 6

Bei der Geburt:

Körperlänge: 6 cm

Gewicht: 8,5 g (das ist so viel wie ein Radiergummi)

Alter: bis zu 5 Jahre

Ausgewachsen:

Körperlänge: 20 – 25 cm plus bis zu 20 cm langer Schwanz

Gewicht: 200 – 400 g

Auffällig: rot- bis dunkelbraunes Fell, langer buschiger Schwanz, lange Zehen mit scharfen Krallen, im Winter Haarbüscheln an den Ohren wie ein Wintermützchen

Feinde: Baummarder, Habicht

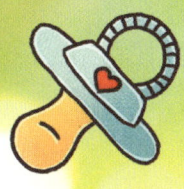

Deine Kindheit

Geburt: Eichhörnchenbabys sind bei der Geburt nackt, blind und taub. Mit ihren Tasthaaren am Kopf, Unterarmen und Bauch spüren sie den Untergrund, die Mutter und die Geschwister.

6. Lebenstag: Erste Haare zeigen sich am Kopf, zwei Tage später auch auf dem Rücken und eine Woche später ist der ganze Körper von einem zarten Haarflaum bedeckt.

22. Lebenstag: Die unteren Schneidezähne erscheinen.

30. Lebenstag: Die Augen öffnen sich, die Eichhörnchenbabys wiegen nun 70 g.

37. Lebenstag: Die oberen Schneidezähne erscheinen, die kleinen Eichhörnchen können sich allein putzen.

42. Lebenstag: Die Eichhörnchenkinder verlassen zum ersten Mal das Kugelnest und üben eifrig das Laufen auf Ästen und Zweigen, den Baumstamm hinauf und hinunter. Sie werden immer noch von ihrer Mutter gesäugt.

49. Lebenstag: Bei Ausflügen nehmen die neugierigen Eichhörnchenkinder der Mutter Nahrungsbrocken ab und lernen so die fressbaren Dinge kennen.

50. Lebenstag: Die Kleinen üben eifrig, Nüsse zu öffnen.

60. – 70. Lebenstag: Die jungen Eichhörnchengeschwister entfernen sich immer mehr vom Wurfkobel; wenn sie etwa 180 g wiegen, verlassen sie ihre Mutter und bleiben noch eine Weile zusammen.

Deine Eltern

Alle Eichhörnchenmütter kümmern sich allein um ihre Jungen, sie sind alleinerziehend – dass Eichhörnchenkinder ihre Väter nicht kennenlernen, ist für sie völlig natürlich.

Stell dir vor, du wärst ...
ein Rehkitz

Ganz still liegst du als Rehkitz zwischen hohem Gras und dichtem Brombeergestrüpp. Das perfekte Versteck! Du rollst deinen kleinen Körper ein und kauerst dich an den Boden. Niemand kann dich sehen und niemand kann dich riechen. Nur deine Mutter weiß genau, wo du bist. Sie hat dich allein zurückgelassen, um ihren großen Hunger mit Kräutern und Himbeerblättern zu stillen. Weil sie dich säugt, muss sie ja für zwei fressen. Du ruhst dich derweil aus, die Sonne wärmt dich. So vergeht die erste Stunde und die zweite bricht an. Da taucht auf dem Weg am Waldrand ein Mensch mit einem großen Hund auf. Du duckst dich noch tiefer ins Gras, doch der Hund läuft einfach ein paar Meter von dir entfernt vorbei. Er kann dich nicht aufspüren, denn dein Fell hat noch keinen eigenen Körpergeruch. Du bist wirklich gut geschützt! Doch deine Mutter hat den Hund bemerkt: Sie verharrt zwischen dichten Büschen, den Kopf hoch erhoben lauscht und schnuppert sie, wie sich Mensch und Hund langsam entfernen. Erst als keine Gefahr mehr droht, kommt sie zu dir. Ihr begrüßt euch und du beginnst an den Zitzen zu saugen. Dabei leckt dir deine Mutter den Po, damit du die Milch noch besser verdaust.

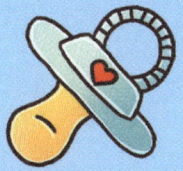

Deine Geburt

Die Ricke bringt meist im Mai die Kitze zur Welt. Nach der Geburt leckt die Mutter ihre nassen Jungen trocken, damit sie nicht frieren. Die Kitze ruhen sich kurz aus, doch schon in der ersten Stunde stehen sie auf, sammeln Kraft und begleiten nach einer weiteren Stunde die Mutter zu einem nahen geschützten Platz. Dort bleiben sie die ersten Tage ihres Lebens.

Deine Kindheit

Wenn ein Kitz drei Wochen alt ist, kann es schon richtig gut rennen und springen. Mühelos folgt es seiner Mutter überallhin. Dann probiert es auch die Kräuter, die seine Mutter frisst - so lernt es leckere von bitteren Pflanzen zu unterscheiden. Denn nur in den ersten zwei bis drei Lebensmonaten werden Rehkitze gesäugt. Danach stillen sie ihren Hunger mit Pflanzen und ihren Durst mit Wasser aus Pfützen, Bächen und Tümpeln.

Junge Böcke bekommen im Herbst ihr erstes kleines Geweih. Dann sind sie vier bis fünf Monate alt. Nun verschwinden auch die weißen Tupfen im rotbraunen Fell.

Bis zum nächsten Frühjahr bleiben die jungen Rehe bei ihrer Mutter.

Aha!

Rehkitze brauchen auch wichtige Mineralien zum Wachsen - darum fressen sie ab dem 2. Lebenstag Erde. Und wenn sie den Kot der Mutter fressen, nehmen sie wichtige Darmbakterien für eine gute Verdauung auf.

Das bist du!

REH

Anzahl von Babys bei einer Geburt: 1 - 2

Bei der Geburt:

Körperlänge: 35 - 40 cm

Gewicht: 1,2 - 2 kg

Ausgewachsen:

Körperlänge: 94 - 140 cm

Gewicht: 11 - 34 kg

Alter: bis zu 20 Jahre

Auffällig: rotbraunes kurzhaariges Sommerfell und graues dichtes Winterfell

Nur die Männchen (Böcke) tragen von März bis November/Dezember ein Geweih! Die Weibchen heißen Ricke.

Feinde: Rotfuchs, Luchs, Wolf, Mensch

Stell dir vor, du wärst ...
ein Fuchswelpe

Als Fuchswelpe kommst du mit deinen Geschwistern in einer dunklen Höhle unter der Erde zur Welt. Dann kuschelt ihr euch wochenlang dicht an eure Mutter, die euch fürsorglich säugt und wärmt. Der Fuchsvater schaut immer wieder vorbei und bringt der Mutter erbeutete Mäuse als Nahrung.

Die Zeit vergeht rasch: Schon mit vier Wochen bist du so kräftig, dass du zusammen mit deiner Mutter, den Brüdern und Schwestern den Fuchsbau zum ersten Mal verlässt. Mutig traut ihr euch ins Freie, dort siegt rasch die Neugierde: Du schnupperst überall – am Boden, an einem abgebrochenen Ast, an einer Blume, an einem leeren Schneckenhaus. Da springt dich dein Bruder an und ihr beginnt wild zu toben und zu balgen. So beginnt für dich und deine Geschwister die Fuchs-Schule außerhalb des Baus: Spielerisch lernt ihr beim Balgen und Rennen eure Kräfte kennen, schnüffelnd die Schwester im Versteck aufzuspüren und am Geruch Fressbares von Ekligem zu unterscheiden. Jeden Tag gibt es Neues zu entdecken – an einem Tag lernst du, wo du am besten Wasser trinken kannst, am nächsten wie du dich ganz leise an eine Maus anschleichst. Doch die Schulzeit dauert nur zwei bis drei Monate: Dann seid ihr Geschwister groß genug und verlasst gemeinsam eure Eltern.

Das bist du!

ROTFUCHS

Anzahl von Babys bei einer Geburt: 3 – 5

Bei der Geburt:

Körperlänge: 10 – 15 cm

Gewicht: 80 – 120 g (das ist ungefähr so viel wie eine Tafel Schokolade)

Ausgewachsen:

Körperlänge: 60 – 80 cm plus bis zu 50 cm langer Schwanz

Gewicht: bis zu 10 kg

Alter: bis zu 7 Jahre, in menschlicher Obhut bis zu 15 Jahre

Auffällig: rotbraunes Fell, langer buschiger Schwanz

Die Füchsin wird auch Fähe genannt, der männliche Fuchs heißt auch Rüde.

Feinde: Wolf, Steinadler, Mensch

Dein Körper

Neugeborene Füchse haben ein dunkelgraubraunes, wollig-dichtes Fell, ihre Augen und Ohren sind geschlossen und sie haben keine Zähne. Im Alter von 2 Wochen öffnen sich die Augen, sie sind blau. Mit zweieinhalb Wochen erscheinen die ersten Milchzähne.

Wenn die Fuchswelpen vier Wochen alt sind und sie zum ersten Mal den Fuchsbau verlassen, ist ihr Fell braunrot und die Augen braun.

Deine Lieblingsspeisen

Füchse sind Allesfresser, doch am liebsten fressen sie Fleisch. Das Jagen müssen die jungen Füchse noch lernen. Dazu bringt ihnen die Fuchseltern immer mal wieder eine Maus zum Üben vor den Bau: Ein Fuchswelpe schleicht sich lautlos an, duckt sich dann tief auf den Boden und beobachtet genau, was die Maus macht. Plötzlich springt es los und packt die Maus mit den Vorderpfoten. Weil seine Krallen nicht so spitz wie die einer Katze sind, muss er sie schnell mit den Zähnen fassen.

Im Sommer und Herbst fressen Füchse auch gern Beeren, Kirschen und andere Früchte.

Im Winter und Frühling ernährt er sich vor allem von Mäusen und Kaninchen.

Wenn es nichts anderes zu fressen gibt, verzehrt er Regenwürmer, Käfer und Heuschrecken sowie tote Tiere. In der Stadt durchwühlt der Fuchs auch Abfälle.

Aha!

Regelmäßig putzt sich der Fuchs sein Fell wie eine Katze: Dabei leckt er sich ganz sauber und entfernt hartnäckigen Schmutz und hängengebliebene Pflanzensamen mit den Zähnen. Wenn es irgendwo juckt, kratzt er sich mit seinen Krallen.

Stell dir vor, du wärst ...
ein Bärenkind

Heute ist dein erster Badetag am Fluss. Obwohl du schon fast ein halbes Jahr alt bist, hast du noch nie einen so breiten Fluss gesehen – und wie schnell das Flusswasser strömt! Mit großen Augen näherst du dich dem Ufer. Ohne lang zu zögern, zieht dich deine Bärenmama mit ihren kräftigen Pranken ins flache Wasser. Prustend tauchst du unter, schluckst Wasser und versuchst den Pranken deiner Mutter zu entfliehen. Geschafft – du hechtest ans Ufer, schüttelst dein Fell trocken. Und während deine Mutter sich deinen jüngeren Bruder schnappt, entdeckst du neben der Badestelle eine schlammige Rinne, über die Wasser zum Fluss rinnt. Rasch springst du die Uferböschung hinauf und rutschst auf dem Bauch durch den glitschigen Matsch hinunter. Das macht Spaß! Schnell rennst du die Böschung wieder hoch, die ältere Schwester hinterher und die Rutschbahn hinunter. Ein drittes, viertes, fünftes Mal erklimmt ihr die Böschung und rutscht runter. Doch da taucht die Bärenmutter auf und schiebt euch zwei Dreckspatzen zur Badestelle: Jetzt wird aber richtig geputzt!

Das bist du!

EUROPÄISCHER BRAUNBÄR

Anzahl von Babys bei einer Geburt: 1 – 3

Bei der Geburt:

Körperlänge: ungefähr so groß wie ein Meerschweinchen

Gewicht: 350 – 500 g

Alter: bis zu 35 Jahre

Ausgewachsen:

Körperlänge: bis zu 2 m

Gewicht: bis zu 250 kg, nach der halbjährigen Winterruhe nur 125 kg

Deine Geburt

Bärenkinder werden im Januar und Februar geboren, während der Winterruhe. Wenn es draußen so richtig kalt und ungemütlich wird, zieht sich jeder Braunbär allein in eine selbst gegrabene Erdhöhle, in eine natürliche Höhle oder Felsspalte zurück – auch die trächtige Bärenmutter. Die Geburt ist leicht, denn jedes der ein bis drei Bärenbabys wiegt nur 350 – 500 Gramm. Die blinden Bärenbabys haben ein feines flaumiges Fell. Sofort nach der Geburt suchen sie instinktiv nach den Milchzitzen der Mutter und saugen sich fest.

Deine Mama

Deine Bärenmutter passt super auf dich auf. Sie ist sehr liebevoll, kann aber auch streng sein: Ungehorsame Bärenkinder weist sie mit einer Ohrfeige oder einem Biss ins Nackenfell zurecht. Obwohl die Bärenmutter ihre Kinder so gut beschützt, überleben viele Bärenkinder die ersten 18 Lebensmonate nicht, wenn sie zum Beispiel für den Winterschlaf im Herbst nicht genügend Fettreserven anfressen konnten.

Deine Bärenmutter nimmt Feinde dank ihrer guten Nase schon von Weitem wahr – die größten sind Bärenmännchen und Menschen. Dann zieht sie sich zurück und macht einen großen Bogen um den Feind. Kann sie jedoch nicht mehr ausweichen, schickt sie euch Bärenkinder mit einem kurzen Warnruf auf den nächsten Baum. Nun greift sie an und verteidigt ihre Jungen mit ihrer ganzen Kraft. Solche Kämpfe gehen meist tödlich für den Unterlegenen aus.

In der Bärenschule

Beim Spielen und bei den Streifzügen mit deiner Mutter lernst du:

- lange Strecken wandern
- schwimmen
- was schmeckt und wie du Nahrung findest
- rasch auf einen Baum klettern, dort bist du sicher vor erwachsenen Bären – die kommen nicht rauf!

Deine Babynahrung

In den ersten Lebensmonaten saugen die Babys alle 2 – 3 Stunden fette Muttermilch – weil sie viel mehr Fett enthält als Sahne, wachsen die Bärenbabys rasch.

Im Alter von etwa 5 Monaten gibt es die erste feste Nahrung: Gräser, Kräuter, Blüten, Nüsse, Pilze, Obst und Beeren, Insekten und deren Larven, Vogeleier, kleine Säugetiere und Aas.

Deine Babyzeit in der Höhle

1. Lebenswoche: Den Bärenbabys wächst ein dichter, wolliger Pelz.

5. Lebenswoche: Die Augen öffnen sich.

6. Lebenswoche: Die ersten Milchzähne erscheinen.

3 – 4 Monate alt: Du wiegst ungefähr 15 kg und verlässt zum ersten Mal die dunkle Höhle.

Deine Kindheit

In den ersten 4 – 6 Monaten bist du völlig abhängig von deiner Mutter, ohne sie würdest du sofort sterben. Die meiste Zeit des Tages spielst du mit deinen Geschwistern: Ihr balgt und ringt miteinander, boxt, rauft, beißt euch und hüpft herum.

In den ersten zwei bis drei Lebensjahren ziehst du mit deiner Mama und deinen Geschwistern umher. Auch deine ersten Winter verbringst du mit ihnen zusammen in einer Höhle.

Im Alter von etwa 3 Jahren verlässt du mit deinen Geschwistern die Mutter. Zunächst wandert ihr Geschwister zusammen noch 1 – 3 Jahre umher, doch dann löst sich eure kleine Geschwistergruppe auf und jeder von euch lebt nun ganz allein. Du ziehst noch weiter weg und suchst dir ein eigenes großes Revier, in dem es keinen anderen Bären gibt. Dort lässt du dich nieder. Andere Bären lässt du nur zur Paarungszeit in deinem Revier zu.

Stell dir vor, du wärst ...
ein Feldhäschen

Als Feldhasenkind verbringst du deine Kindheit weder im Schutz einer unterirdischen Höhle wie ein Kaninchenkind, noch in einer Burg wie ein Biber aus Zweigen und Ästen. Dein Leben beginnt auf dem freien Feld, wo du immer rundherum weit gucken kannst. Dort leben auch die großen Hasen. Wenn deine Hasenmutter spürt, dass nach 6 Wochen Tragzeit die Geburt naht, sucht sie eine geschützte trockene Stelle am Feldrand im Schutz eines Busches auf. Von Anfang an seid ihr zwei hübsche Hasenkinder mit einem dichten wolligen Haarkleid, einem runden Kopf mit kleinen Löffelöhrchen und großen Augen. Schon am dritten Lebenstag müsst ihr beide umziehen, das ist wichtig, damit euch keine Feinde finden: Deine Schwester kriecht die Büsche entlang zu einer flachen Bodenmulde. Du hingegen bewegst dich in die andere Richtung, um dich in einer Ackerfurche zu verbergen. So ruht ihr beide voneinander getrennt den ganzen Tag. Nur abends, wenn die Sonne untergegangen ist, hoppelst du zu dem Platz zurück, an dem du geboren wurdest. Dort triffst du deine Schwester, bald kommt auch eure Mutter dazu: Jetzt gibt es die einzige Mahlzeit des Tages und ihr beide saugt so viel fette Muttermilch auf, bis euer Bäuchlein randvoll ist. Nach einer kurzen Verdauungspause trennt ihr euch wieder und du versteckst dich wieder in deiner Ackerfurche.

Das bist du!

FELDHASE

Anzahl von Babys bei einer Geburt: 2 – 3

Bei der Geburt:

Gewicht: 90 – 150 g

Ausgewachsen:

Körperlänge: 50 – 62 cm

Gewicht: 3,5 – 5 kg

Alter: bis zu 4 Jahre, in menschlicher Obhut bis zu 12 Jahre

Auffällig: sehr lange Ohren, sehr lange Hinterläufe

Feinde: Wildschwein, Fuchs, Dachs, Marder, Mäusebussard und andere Greifvögel, Rabenkrähe, auch Hunde

Deine Babynahrung

Die erste Milchmahlzeit: einmal am Tag gibt es von Geburt an Hasenmilch; sie ist viel fetter als Kuhmilch und fast so fett wie Sahne.

Die erste feste Mahlzeit: wenn du etwa 7 Tage alt bist, beginnst du an feinen Grasspitzen zu knabbern. Jeden Tag frisst du nun ein bisschen mehr Grünzeug.

Die letzte Milchmahlzeit: bekommst du im Alter von etwa 4 Wochen. Danach lebst du dein ganzes Leben lang vegetarisch von Klee, Kräutern und Gräsern, von Getreide und Rüben, im Winter auch von Wurzeln und Baumrinde.

Dein Hoppeln

Da deine Hinterläufe sehr lang sind, kannst du nur hoppeln. Dabei entstehen im Schnee und auf feuchtem Boden die typische Hasenspur. Als großer Hase bist du der schnellste in Feld und Wiese: Auf der Flucht rennst du bis zu 80 Stundenkilometer schnell und bei dem hohen Tempo kannst du auch noch abrupt die Richtung wechseln und Haken schlagen. Du kannst auch drei Meter weit- und zwei Meter hochspringen.

Typische Hasenspur „mit Gesichtchen"

So schnell nimmst du zu

Geburt:	etwa 130 g (90 - 150 g)
1 Woche alt:	etwa 250 g (180 - 300 g)
1 Monat alt:	etwa 1 kg
2 Monate alt:	etwa 2 kg
6 – 7 Monate alt:	erwachsen, etwa 4 kg

Traurig, aber wahr ...

Hasenmütter bekommen von März bis Oktober bis zu viermal im Jahr Junge. Wenn der Frühling kalt und nass ist, überleben ihn nur ganz wenige Jungtiere. Da sie auf offenem Feld und Wiese leben, haben sie keinen Schutz vor Regen, Schnee und Hagel. Nur der Wind kann ihnen wenig anhaben, wenn sie sich in ihrer Mulde ganz dicht mit angelegten Ohren an den Boden anschmiegen.

Stell dir vor, du wärst ...
ein Biberkind

In deinen ersten Lebenswochen ahnst du nicht, dass du schon bald sehr viel Zeit im Wasser verbringen wirst. In der dunklen trockenen Biberburg wurdest du an einem Tag im Mai geboren, als letztes von drei Biberbabys.

Bei der Geburt war deine Haut mit einem feinen Fell bedeckt und nachdem deine Mutter dir den Schleim aus den Augen geleckt hat, hast du sie gleich geöffnet. Sehen konntest du trotzdem nichts, denn durch die Äste und Zweige fiel kein einziger Sonnenstrahl in die Biberburg. In den ersten Tagen hast du viel geschlafen, am liebsten auf dem warmen Bauch deiner Mutter, nur zum Milchsaugen bist du kurz aufgewacht. Doch von Tag zu Tag wurdest du munterer: Du genießt es, wenn alle da sind – deine Eltern und deine Geschwister – und ihr euch dicht aneinander kuschelt.

Heute ist ein besonderer Tag, du bist nun 5 Wochen alt: Deine Mutter drängt dich und deine beiden Geschwister von dem trockenen Boden der Biberburg zum Ausgang hin. Doch darin steht das Wasser. Im Wasser warst du noch nie! Da soll es hineingehen? Flink schiebt sich die Mutter ins Wasser und taucht ab. Du zögerst! Da taucht sie wieder auf, kommt ins Trockene und schiebt dich zum Wasser hin – und schon bist du drin, spürst das kalte Nass und dass es dich trägt. Neben dir sind deine beiden Geschwister, die Mutter drängt sich zwischen euch, stupst dich und taucht ab. Dieses Mal folgst du ihr sofort, tauchst durch einen langen Tunnel ins strömende Wasser und schnellst wie ein Korkenzieher an die Wasseroberfläche . Das war deine erste Lektion im Tauchenlernen.

Aha!

Deine Nagezähne werden ganz allein scharf – und das liegt an ihrer dünnen orangefarbenen Beschichtung, die härter als der weiße Zahn ist. Darum bleibt sie stehen, wenn beim Nagen das weiße Zahnmaterial abgerieben wird. Außerdem wachsen die Nagezähne dein ganzes Leben lang nach.

Deine Biberburg

Sie liegt am Rand eines Gewässers oder auch mittendrin. Das Dach besteht aus Ästen und Zweigen und die Eltern bessern es ständig aus, damit weder Regen noch Licht ins Innere fällt. Im Innern der Biberburg liegt der Wohnkessel, der einen Durchmesser von etwa einem Meter hat. Der Boden ist gepolstert mit langen Holz- und Rindenspänen. Beblätterte Äste von Pappeln und Weiden dienen als Nahrung. Ins Innere führen auch mehrere Eingänge, die jeweils zu einem Tunnel führen, der unter Wasser steht. In die Burg hinein und hinaus kommt man also nur tauchend.

Deine Familie

Biber leben immer in einer kleinen Familie. Die Eltern bleiben ihr ganzes Leben lang zusammen. Bei ihnen leben die zwei bis vier neugeborenen Biberkinder und die zwei bis vier Biberkinder, die im Vorjahr auf die Welt kamen. Diese werden im Alter von 2 – 3 Jahren geschlechtsreif, dann verlassen sie die Eltern. Sie suchen einen Partner und gründen mit ihm eine neue Biberfamilie in einer neuen Biberburg.

Deine Körperpflege

Das Biberfell ist besonders, denn auf einer Hautfläche von 1 x 1 cm sitzen rund 23 000 Haare! Es ist absolut wasserdicht und hält den Biberkörper warm, selbst wenn er stundenlang im kalten Wasser schwimmt. Damit es immer intakt ist, putzen die Biber ihr Fell täglich mit einer pinzettenförmigen Spezial-Putzkralle und fetten es mit einem Öl aus Drüsen beim After ein. Das Öl wird Bibergeil genannt.

Aha!

Wie die meisten Tiere können auch Biber von Geburt an schwimmen. Doch das Tauchen mit den Schwimmhäuten zwischen den Zehen und dem platten Schwanz als Ruder müssen sie erst lernen.

Das bist du!

EUROPÄISCHER BIBER

Anzahl von Babys bei einer Geburt: 2 – 4

Bei der Geburt:

Körperlänge: größer als ein Meerschweinchen

Gewicht: über 500 g

Alter: bis zu 15 Jahre

Ausgewachsen:

Körperlänge: 75 – 100 cm plus 30 – 35 cm Schwanz

Gewicht: 15 – 35 kg

Auffällig: braunes glänzendes Fell, flacher, breiter haarloser Schwanz („Biberkelle" genannt)

Feinde: Wolf, Braunbär, Hund, Seeadler und andere große Greifvögel, große Raubfische wie Hecht und Wels

Stell dir vor, du wärst ...
ein Fledermauskind

Dein Leben als Fledermauskind beginnt im Sommer mit einer atemberaubenden Zirkusnummer: Kopfunter hängt deine Mutter an einem senkrechten Balken im schwülen Dachstuhl. Vom Boden steigt der strenge Geruch nach Fledermauskot empor, der dort im Lauf von Jahrzehnten eine dicke dunkle Schicht gebildet hat. Die Mutter spürt die nahende Geburt, regelmäßige Wehen schieben das winzige Baby in ihrem Körper zur Geburtsöffnung hin. Kurz bevor es soweit ist, dreht sie sich und lässt dich sanft in die Schwanzflughaut wie in eine Tasche gleiten. Sicher liegst du darin und machst deine ersten Atemzüge. Deine Mutter beugt sich tief zu dir hinab und leckt ausgiebig deinen nassen, nackten Körper ab. Leise ruft sie „tsett-tsett-tsett" und du beginnst langsam hoch in die Richtung der Milchzitzen zu krabbeln. Du hast keine Angst abzustürzen, denn die kräftigen Zehen an deinen langen Hinterbeinen geben dir sicheren Halt im weichen Fell deiner Mutter. Endlich hast du die Zitzen gefunden, saugst dich fest und Mama legt die Flughaut über dich.

Deine Kinderstube ...

... liegt in einem warmen bis heißen Dachboden oder einem Kirchturm. Dort leben von April bis Oktober bis zu 2 000 Große Mausohren-Fledermäuse dicht gedrängt beisammen und ziehen ihre Jungen groß. Tagsüber sind alle da und ruhen – doch es herrscht dort wenig Frieden, denn Fledermäuse sorgen dafür, dass trotz der Enge genügend Raum um sie herum ist. So gibt es immer wieder Streitigkeiten mit den zeternden Nachbarn. Und wenn eine Fledermaus genug hat, dann zieht sie kurzerhand schimpfend um, wandert an dem Balken entlang, drückt sich zwischen zwei Fledermäuse, die ihrerseits nun lautstark auf ausreichend Abstand zum Neuankömmling pochen. Endlich kehrt Ruhe ein, doch irgendwo in dieser Kolonie gibt es immer Streit.

Nachts haben die Fledermauskinder mehr Ruhe, dann sind die Großen weg. Wirklich ruhig ist es nur im Winterquartier in einer felsigen feuchten Höhle, in dem die Fledermäuse einzeln an der Decke hängen und Winterschlaf halten. Der Umzug findet im Oktober statt, im April geht es dann zurück in die heiße Wochenstube unterm Dach.

Deine Kindheit

Neugeboren bist du nur 4 – 6 g leicht, nackt und blind, hast sehr lange Hinterbeine mit langen Zehen und kräftigen Krallen, zwischen deinen langen Fingern ist schon die Flughaut aufgespannt, sie ist aber viel zu klein zum Fliegen.

Wenn deine Mutter nachts auf Jagd nach Insekten geht, bleibst du zurück und hängst kopfunter an einem Balken.

Im Alter von 4 – 5 Tagen beginnst du mit ersten Kletterversuchen an den Balken.

Im Alter von 7 – 11 Tagen öffnen sich deine Augen.

Am 23. – 25. Lebenstag beginnst du flatternd mit ersten Flugübungen in der Wochenstube. So nennt man den Ort in dem die Weibchen die Babys bekommen.

Das bist du!

GROSSES MAUSOHR

Anzahl von Babys bei einer Geburt: 1, selten 2

Bei der Geburt:

Körperlänge: so groß wie ein Stück Würfelzucker

Gewicht: 4 - 6 g

Ausgewachsen:

Körperlänge: 6,5 – 8 cm plus ca. 5,5 cm langer Schwanz

Gewicht: 26 - 46 g

Alter: meist bis zu 5 Jahre, in menschlicher Obhut bis zu 22 Jahre

Auffällig: größte Fledermaus bei uns, braunes Fell, graubraune Flughäute zwischen Armen und Beinen, weitere Flughaut zwischen Beinen und Schwanz

Feinde: Mensch, Schleiereule

Stell dir vor, du wärst ...
ein Schwanenküken

Dein Zuhause ist ein riesiges Nest aus Schilfhalmen, das deine Eltern am Rand eines ruhigen Sees gebaut haben. Dort schlüpfst du aus dem großen Ei, das deine Mutter über einen Monat lang ausgebrütet hat. Auch deine Geschwister befreien sich nach dir aus ihren Eischalen. Während euer graues weiches Daunenkleid trocknet, stupst eure Mutter jeden einzelnen mit ihrem großen Schnabel an und schiebt euch dann unter ihr Bauchgefieder: So habt ihr es schön warm.

Schon am nächsten Tag steht der erste Ausflug auf dem Wasser an. Schwimmen ist kein Problem und so zieht die kleine Schwanenfamilie auf den See hinaus, die Mutter vorneweg, dann ihre Schwanenküken hinterher und euer Vater als Letzter: Er passt auf, dass sich niemand nähert – keine Ente, kein freches Blässhuhn, kein Schwimmer und erst recht kein anderer Schwan. Immer wieder tauchen eure Eltern tief mit ihrem Hals hinab ins Wasser und pflücken zarte Wasserpflänzchen, die ihr mit euren kleinen Schnäbelchen greift. Dann senkt eure Mutter ihren Schwanz ins Wasser und ihr erklimmt, einer nach dem anderen, ihren Rücken. Dort könnt ihr euren kleinen Körper wärmen und seid sicher vor eurem größten Feind, dem Hecht.

Deine Kindheit

Deine Eltern sorgen gut für dich und deine Geschwister: Weil euer Hals kurz ist, reißen sie für euch bis in einem Meter Tiefe weiche Wasserpflanzen aus und füttern euch damit. Besonders wehrhaft ist euer Vater: Mit aufgestellten Flügeln droht er jedem, der es auch nur wagt, in euer großes Revier am See oder Fluss einzudringen. Hilft das nicht, greift er aggressiv an - er kann auch schmerzhaft zubeißen.

In der 3. Lebenswoche erscheinen zwischen den weichen Dunenfedern die ersten Konturfedern an Brust und Schultern, vier Wochen später ist von dem grauen Dunenkleid nichts mehr zu sehen und auch an den Flügeln beginnen die langen Schwingenfedern zu wachsen. Nun ist aus dem grauen Schwanenkind ein junger graubrauner Schwan geworden. Doch es dauert noch weitere 2 – 3 Monate, bis deine Flügel dich tragen können.

Das bist du!

HÖCKERSCHWAN

Anzahl von Babys in einem Gelege: 5 – 8

Beim Schlüpfen:

Gewicht: 200 – 230 g

Ausgewachsen:

Körperlänge: 125 – 160 cm

Gewicht: bis zu 13,5 kg

Alter: bis zu 20 Jahre, wenige auch älter

Auffällig: weißes Gefieder, langer, s-förmig gebogener Hals, orangeroter Schnabel mit schwarzem Höcker

Feinde: Hecht

Drohender Schwanenvater

Stell dir vor, du wärst ...
ein Meisenküken

Sobald Mutter oder Vater erscheinen, musst du als Meisenküken deinen Schnabel so weit aufsperren wie du kannst. Und dazu so laut wie möglich fiepen. Mit Glück stopfen sie dann die Raupe in dein Maul! Wenn nicht, musst du warten, bis sie das nächste Mal zum Füttern kommen.

Du bist nun vier Tage alt: Deine Augen sind noch geschlossen – aber das stört dich nicht, denn im Nistkasten ist es ziemlich dunkel. Du hast auch immer noch kein Federkleid, darum halten dich die vielen Geschwister im mit weichen Federn ausgepolsterten Nest warm. Du bist den ganzen Tag hungrig und frisst jeden Tag so viel Läuse, kleine Raupen und andere weiche Insekten, wie du selbst wiegst. Abends schlüpfen dann deine Eltern zu euch ins Nest. Sie müssen müde sein, weil sie von frühmorgens bis zum Abend pausenlos Nahrung für sich und die Küken gesucht haben. Nun schmiegt sich die ganze Blaumeisenfamilie dicht aneinander und ruht über die Nacht.

Deine Eltern

... haben ganz schön viel zu tun! Im Januar beginnt dein Vater nach einem guten Platz fürs Nest zu suchen: Er prüft leere Spechthöhlen und Nistkästen. Hat er einen guten Platz gefunden, lockt er mit seinem Gesang ein Weibchen an und hält andere Vögel fern, denn die Konkurrenz ist groß.

Im März richten dann deine Eltern gemeinsam den Nestplatz ein. Dazu sammeln sie Halme und Blätter für den Boden, dann Moose und Federn als weiches Polster.

Ist alles fertig, legt das Weibchen nach und nach 5 – 15 winzige Eier. Zwei Wochen lang brütet es allein die Eier aus, dabei wird sie vom Vater gefüttert. Echte Teamarbeit!

Endlich ist es so weit und die kleinen Küken schlüpfen.

Sobald alle Küken geschlüpft sind, kommt die arbeitsreichste Zeit auf die Vogeleltern zu: Drei Wochen lang suchen sie in den Büschen und Baumkronen nach weichen Insekten, Raupen und Spinnen, um die hungrigen Küken satt zu bekommen.

Jeden Tag fliegen die Vogeleltern rund 350-mal mit kleinen Nahrungsportionen zum Nistkasten. Nach drei Wochen haben die Küken Federn und können sehen. Es ist Zeit, den Nistkasten zu verlassen: Nach und nach erscheinen die kleinen Küken am Flugloch und flattern unbeholfen zu den Eltern, die sie mit lauten Rufen locken. Noch zwei weitere Wochen ziehen die Küken mit den Eltern umher – immer wieder stecken die Eltern den Kleinen Insekten in den Schnabel, doch von Tag zu Tag finden die jungen Meisen ihr eigenes Futter. Sie üben auch fleißig das Fliegen. Dann löst sich die Familie auf – und in den meisten Jahren ziehen die Vogeleltern noch eine zweite Brut groß.

Das bist du!

BLAUMEISE

Anzahl von Babys in einem Gelege: 5 – 15

Beim Schlüpfen:

Körperlänge: wie ein halbes Gummibärchen

Gewicht: 1 g

Ausgewachsen:

Körperlänge: 11 – 12 cm

Gewicht: 9 – 12 g

Alter: bis zu 14 Jahre

Auffällig: leuchtend blau-gelb-olivgrünes Gefieder, sehr kurzer Schnabel

Feinde: Hauskatze, Marder, Buntspecht, Sperber, Turmfalke

43

Stell dir vor, du wärst ...
ein Eulenküken

Mit Bedacht hat die Schleiereulenmutter eine dunkle Nische unterm Scheunendach für ihre Eulenkinder ausgewählt. Dort kann euch niemand stören (noch nicht mal der freche Marder) und die Mutter kann jederzeit durch die offenen Dachluken ins Freie fliegen. Den Boden hat sie mit zerrupften aus unverdaulichen Mäusehaaren und -knöchelchen bestehenden Gewölleballen gepolstert und darauf vier Eier gelegt. Einen Monat lang hat sie die Eier ausgebrütet, bis endlich die Küken geschlüpft sind. Frisch geschlüpft wiegst du nur 20 g.

In den ersten Tagen füttert dich nur deine Mutter: Dabei beugt sie sich zu dir herab und würgt Futter hervor, das sie in ihrem Hals aufbewahrt. Du steckst deinen Schnabel dann tief in ihren Schlund und pickst kleine Futterteilchen heraus. Dann sind deine Geschwister dran. Wenn du ein bisschen größer bist, füttert euch auch euer Vater. Fünf Wochen später beginnt ihr Küken in der Nische herumzuwandern und flattert dazu immer wieder mit den Flügeln. Täglich übt ihr im Inneren der Scheune das Fliegen und auch den Mäuselsprung, mit dem ihr bald Mäuse erbeutet. Doch erst drei Wochen später seid ihr kräftig genug, um euren Nistplatz zu verlassen. Dann seht ihr zum ersten Mal die Büsche, Wiesen und Felder außerhalb der Scheune.

Sehr klug!

Schleiereulen brüten nicht jedes Jahr. Nur in den Jahren, in denen es viele Mäuse gibt, richten sie ab April einen Nistplatz ein, legen Eier und brüten sie aus. Denn nur in solchen Jahren gibt es genügend Nahrung für die Eltern und die Küken. In mäusearmen Jahren verzichten die Schleiereulen aufs Brüten, sie wissen genau, dass sie ihre Küken nicht satt bekämen.

Deine Geschwister

Schleiereulenmütter legen jeden zweiten Tag ein Ei. Sie beginnen jedoch gleich nach der Ablage des ersten Eis zu brüten. Darum schlüpfen die Küken mit demselben zeitlichen Abstand, nämlich alle zwei Tage eines. Und aus dem Grund sind die Küken im Nest unterschiedlich alt und auch unterschiedlich groß.

Deine Jugendzeit

Nachdem du den Nistplatz verlassen hast, hältst du dich noch eine Weile in der Umgebung auf. Spätestens im Herbst wanderst du dann weiter weg und lässt dich an einem bis zu 50 km entfernten Ort nieder. Dort lebst du allein vom Mäusefang.

Deine Stimme

Ihr seid eine ganz schön laute Familie. Ständig unterhaltet ihr euch mit Lauten, die wie Schnarchen, Schnurren und Rauschen klingen.

Deine Nahrung

Schleiereulen ernähren sich fast nur von Feldmäusen, die sie nachts auf Feldern und Wiesen erbeuten. Die Küken werden mit vorverdauten Mäusen gefüttert, die sich im Magen der Eltern zu einem zähen Brei aufgelöst haben.

Das bist du!

SCHLEIEREULE

Anzahl von Babys in einem Gelege: meist 4 – 7, möglich 3 – 12

Beim Schlüpfen:
Gewicht: unter 20 g

Ausgewachsen:
Körperlänge: 33 – 39 cm
Gewicht: 300 – 400 g

Alter: bis zu 15 Jahre

Auffällig: schlanke sehr helle Eule mit langen Beinen und herzförmigem Gesicht

Feinde: Mensch, größere Eulen wie Uhu, Waldohreule, Waldkauz, Greifvögel, Marder, Waschbär, Rabenvögel

Stell dir vor, du wärst ...
ein Storchenküken

Heiß brennt die Junisonne auf das riesige Nest der Storchenfamilie. Ihr vier Storchenküken seid nun drei Wochen alt und könnt endlich auf euren Füßen stehen. Eure Eltern sind ausgeflogen, um nach Nahrung zu suchen. Der Vater kehrt zurück, landet auf dem Nest. Sofort reckst du ihm deinen Schnabel bettelnd entgegen und miaust wie eine kleine Katze. Der Vater senkt seinen Kopf und öffnet den Schnabel. Ein Schwall kühles Wasser fließt heraus und ihr Küken beeilt euch, es aufzunehmen bevor es im Nestboden versickert. Dann würgt der Vater eine Portion Futter hervor, Heuschrecken, Regenwürmer und auch eine Blindschleiche ist dabei. Du packst ein Ende der schlangenähnlichen Echse und willst es verschlingen, doch dein Bruder hat das andere Ende geschnappt. Wie an einem langen Tau zieht ihr beide an der Beute, hin und her und her und hin. Doch dein Bruder ist stärker und du gibst nach.

Dein Zuhause ...

... ist ein riesiges Storchennest, das ein Durchmesser von 1 - 2 m hat. Deine Eltern haben es vor vielen Jahren aus Ästen und Zweigen auf dem hohen Scheunendach gebaut. Jedes Jahr bessern sie es aus, sodass es noch höher wird. Alte Storchennester können bis zu 4 m hoch sein und wiegen dann über 1 000 kg. Ein großes Nest, das jedes Jahr wieder genutzt wird, heißt Horst. In die unteren Etagen eines solchen Nests ziehen dann gern Spatzen, Stare oder Dohlen ein.

Deine erste Flugstunde

Im Alter von 8 Wochen sind die Storchenküken fast so groß wie die Eltern. Ihr Gefieder ist jetzt weiß-schwarz, aber Schnabel und Beine sind auch schwarz.

Unbeholfen und aufgeregt flatterst du mit deinen Flügeln, machst auf dem Nest kleine Sprünge in die Luft. Eine Windböe ergreift dich und du hebst vom Nest ab. Rasch breitest du deine Flügel aus, drehst eine wackelige Runde und landest gerade noch auf dem schmalen Dachfirst der Scheune, tief unterhalb des Nests. Mit geöffneten Flügeln hältst du das Gleichgewicht, rutschst ab und startest flatternd zu einer zweiten Flugrunde. Das geht schon ein bisschen besser und der Wind hilft dir, er trägt dich wieder hoch aufs Nest.

Dein erster Zug in den Süden

Es ist Hochsommer, vor 4 Monaten bist du aus dem Ei geschlüpft und jetzt schon selbstständig. Nun löst sich die Storchenfamilie auf und du schließt dich mit vielen Jungstörchen zusammen. Eine Unruhe erfasst euch alle und schließlich starten alle Jungstörche zu ihrem Zug in den Süden. Obwohl keiner von euch das Ziel kennt und ihr noch niemals eure Heimat verlassen habt, leitet euch euer Instinkt auf dem angestammten Weg ins Winterquartier nach Afrika. Eure Eltern bleiben noch ein paar Wochen zurück und erholen sich von den Strapazen der Brutzeit, dann folgen sie euch auf der über 10 000 km langen Flugstrecke.

Das bist du!

WEISSSTORCH

Anzahl von Babys in einem Gelege: 3 - 5

Beim Schlüpfen:
Körperlänge: ca. 10 cm

Ausgewachsen:
Körperlänge: 100 - 105 cm
Gewicht: 2,5 - 4,5 kg

Alter: meist 8 - 10 Jahre, ausnahmsweise auch bis zu 35 Jahre

Auffällig: weiß-schwarzes Gefieder, roter Schnabel und rote Beine

Feinde: Mensch, Greifvögel, Krähen, Marder

Stell dir vor, du wärst ...
ein Froschkind

Warmes Wasser umgibt deinen Kaulquappenkörper. Er sieht genauso aus wie der von allen anderen Kaulquappen im Teich. Nur du weißt, dass du dich nicht zu einer Erdkröte und auch nicht zu einem Molch, sondern zu einem grünen Teichfrosch entwickeln wirst. Dein langer Schwanz besitzt einen durchsichtigen Flossensaum, mit dem du perfekt schwimmen kannst. Wenn du kräftig damit schlägst, kannst du schnell nach vorne schießen. Um Luft zu holen, musst du nicht auftauchen. Mit deinen Kiemen atmest du wie ein Fisch unter Wasser. Den ganzen Tag bist du mit Fressen beschäftigt: Dabei weidest du mit kleinen Zähnchen Algen von Wasserpflanzen und Steinen ab. Manchmal hängst du dich auch bäuchlings an die Wasseroberfläche und nimmst die kleinen Schwebteilchen auf, die sich dort angesammelt haben. Es scheint ein friedliches Leben zu sein, doch in Wirklichkeit ist es für dich sehr gefährlich. Du hast nämlich viele Feinde im Wasser, dazu gehören Fische und Molche, dann wehrhafte Wasserwanzen und die räuberischen Larven von Schwimmkäfern und Libellen.

Deine Kindheit ...

... dauert 10 – 12 Wochen. Die genaue Dauer hängt von der Wassertemperatur ab: Ist das Wasser warm, geht sie schneller. Ist es kühler, dauert sie länger.

... beginnt im Ei: Deine Mutter legt bis zu 4500 Eier in vielen kleinen Laichballen an den Wasserpflanzen im flachen Uferbereich ab. 5 Tage später schlüpfen die Kaulquappen. Am Anfang sind sie sehr klein, doch sie wachsen rasch.

Im Alter von 6 – 8 Wochen erscheinen deine beiden Hinterbeine. Damit beginnt die Wandlung deines Körpers in die Gestalt eines jungen Froschs. Biologen nennen dies Metamorphose: Der Schwanz bildet sich zurück, der Raspelmund wird abgestoßen und die beiden Vorderbeine erscheinen. Schließlich verschwinden auch die Kiemen und Lungen entstehen – nun ist deine Kindheit endgültig vorbei und es ist Zeit, das Wasser zu verlassen.

Das bist du!

TEICHFROSCH

Anzahl von Babys in einem Gelege: bis zu 4500

Beim Schlüpfen:

Körperlänge: wenige Millimeter

Gewicht: viel weniger als 1 g

Alter: bis zu 5 Jahre

Ausgewachsen:

Körperlänge: 5 – 9 cm, manche auch bis zu 12 cm

Gewicht: etwa 10 g

Auffällig: grasgrün bis bräunlich mit dunklen Flecken, lange Hinterbeine zum Springen

Feinde: Hecht und andere Raubfische, Ringelnatter, Weißstorch, Graureiher

Stell dir vor, du wärst ...
ein Libellenkind

Als Libellenkind siehst du vollkommen anders aus als erwachsene Libellen. Du kannst weder fliegen, noch atmest du frische Luft ein – nein, deine Kindheit verbringst du am trüben, schlammigen Teichgrund. Dort versteckst du dich zwischen Wasserpflanzen, Mulm und Steinen, sodass dich niemand sehen kann. Aus deinem Versteck lauerst du auf deine Beute. Oft musst du lange warten, dann aber geschieht es: Ein kleines Wassertier schwimmt zu nah vorbei. Schneller als ein Blitz hast du es gefangen. Dazu besitzt du ein geniales Werkzeug – die Fangmaske. Sie sitzt in deinem Gesicht und ist eigentlich eine umgebaute Unterlippe. Sie schnellt hervor und packt die Beute mit eingebauten, spitzen, beweglichen Dornen. Was du einmal gepackt hast, lässt du nicht mehr los. Du ziehst die Fangmaske zurück und verspeist die Beute. Sofort ist die Fangmaske wieder einsatzbereit.

Dein Hunger

Deine Kindheit dauert meist 3 Jahre lang. In dieser Zeit verspeist du 3 037 Stechmückenlarven, 164 Stechmückenpuppen, 21 Würmer, 18 Kaulquappen, 17 Wasserschnecken, 3 kleine Fische und sogar 17 andere Libellenlarven! Weil du so viel frisst, wächst du rasch – da deine Haut nicht mitwachsen kann, musst du dich bis zu zwölfmal in deiner Kindheit als Larve häuten.

Deine Gestaltwandlung

Hast du nach 3 Jahren deine endgültige Larvengröße erreicht, verlässt du an einem warmen Sommermorgen das Wasser. Du kletterst an einem Schilfstängel hoch an die frische Luft. Du verankerst deine Beine gut am Halm, damit du nicht abstürzt. Dann platzt die Haut an deinem Rücken auf und die fertige Libelle schlüpft heraus.

Das bist du!

BLAUGRÜNE MOSAIKJUNGFER

Anzahl von Babys in einem Gelege: 1 (Libellen legen die Eier einzeln ins Wasser)

Beim Schlüpfen:

Körperlänge: wenige Millimeter

Gewicht: viel weniger als 1 g

Ausgewachsen:

Körperlänge: 7 - 8 cm

Gewicht: wenige Gramm

Alter: rund 4 Monate (gilt nur für erwachsene Libelle)

Auffällig: langer dünner Hinterleib, großer Kopf mit großen Augen, zwei Paar lange Flügel

Feinde: Vögel, Frösche, Wespen, Spinnen

Dein Lebenszyklus

1. Die Libelle schlüpft aus der Larvenhaut. Die Libelle ist fertig.
2. Männchen und Weibchen haben sich gefunden, sie paaren sich im Flug.
3. Das Weibchen legt Eier ins Wasser.
4. Die Larve lebt am Gewässergrund.

Stell dir vor, du wärst ...
ein Bienenköniginnenkind

Alles duftet nach Honig und Bienenwachs in deinem Zuhause. Während die Babyarbeiterinnen in kleinen sechseckigen Waben ihre Kindheit verbringen, wächst du als zukünftige Königin in einer richtig großen Wachszelle wie in einem Palast heran. Du wirst ja auch mal viel größer sein!

Die Arbeiterinnen kümmern sich ganz besonders um dich: Sie füttern dich den ganzen Tag mit einer speziellen Speise, dem Gelee Royale. Dieser Königinnengelee besteht aus besonderen Eiweißen, die dich zur Königin heranwachsen lassen. Doch deine Kindheit ist nur kurz, schon nach acht Tagen ist sie vorbei. Dann ist es Zeit für die große Verwandlung. Die Arbeiterinnen verschließen dazu deine große Zelle mit einem Wachsdeckel. Nun bist du allein und dein Kinderkörper wird zur erwachsenen Honigbienenkönigin umgebaut. Nach acht Tagen ist es soweit: Mit deinen Mundwerkzeugen knabberst du den weichen Wachsdeckel auf und krabbelst aus deiner Brutzelle.

Dein weiterer Lebensweg

Wenn du deine Königinnenzelle als junge Königin verlässt, ist die alte Königin schon ausgezogen – und mit ihr die Hälfte der Arbeiterinnen. Die anderen sind bei dir geblieben und erledigen ihre Arbeiten wie gewohnt, sie versorgen die Larven, bauen aus Wachs neue Zellen für Brut und Honig und sammeln Pollen und Nektar.

Im Alter von einer Woche gehst du auf Hochzeitsflug. Du fliegst hoch in den Himmel und paarst dich dort nacheinander mit mehreren Drohnen, so heißen die Bienenmännchen. Mit gefüllter Samenblase kehrst du in deinen Stock zurück und übernimmst deinen Job als neue Königin: Täglich legst du bis zu 2 000 Eier, aus denen junge Arbeiterinnen werden. So wächst dein Volk stetig weiter.

Das bist du!

HONIGBIENE

Anzahl von Babys in einem Gelege: viele Tausend

Beim Schlüpfen:

Körperlänge: wenige Millimeter

Gewicht: viel weniger als 1 g

Ausgewachsen:

Körperlänge: 1,2 cm als Arbeiterin, bis zu 2 cm als Königin

Gewicht: 0,9 g als Arbeiterin, rund 2,5 g als Königin

Alter: bis zu 7 Monate als Arbeiterin, bis zu 5 Jahre als Königin

Auffällig: braun-gelblich gestreifter Hinterleib, kurz behaarte Brust, schmale Flügel

Bienenkinder heißen Larven. Die besondere Brutzelle der Königin heißt Weiselzelle.

Dein weiterer Lebensweg als Arbeiterin

Täglich ungefähr 2 Stunden arbeiten, die restliche Zeit ruhen im Stock. Im Lauf deines Lebens ändern sich deine Berufe:

Tag 0: Geburt

Tag 1 – 3 Putzbiene: Du reinigst die Zellen und bereitest sie für neue Eier vor.

Tag 4 – 12 Ammenbiene: Du fütterst die Larven.

Tag 13 – 17 Stockbiene oder Baubiene: Du bist für Honig zuständig oder baust aus selbst produziertem Wachs neue Zellen.

Tag 18 – 20 Wächterbiene: Du bewachst den Eingang.

Tag 21 – 35 (42) Sammelbiene: Du sammelst Nektar und Pollen.

Tag 33 (40) – 35 (42) Kunderschafterbiene: Du fliegst in unbekannte Gebiete und suchst neue Nektar- und Pollenquellen.

53

Stell dir vor, du wärst ...
eine Raupe

Fürsorglich wie deine Mutter nun mal ist, hat sie das Ei, in dem du steckst, auf deine Lieblingspflanze gelegt. Und weil deine Mutter es auf ein sonnig-warmes Blatt gelegt hat, schlüpfst du als kleine Raupe zehn Tage später aus der Eihülle. Lecker – soweit du schauen kannst, gibt es Blätter in Hülle und Fülle. Mit einem lauten Haps beißt du in das Blatt und kaust – hmmm, du frisst und frisst und frisst! Bald ist dein kleiner Magen voll, du legst deinen Kopf aufs Blatt und ruhst dich aus. Der Hunger treibt dich aus deinem Nickerchen und du frisst weiter, Bissen um Bissen, bis dich abermals die Müdigkeit träge macht. Noch ein Nickerchen, dann geht das Fressen weiter. Du willst gerade wieder ins Blatt beißen, da entdeckst du eine Kolonne Ameisen, die den Blattstiel hinaufziehen, genau in deine Richtung. Rasch hebst du deinen Vorderleib hoch und stülpst im Nacken dein orangegelbes Horn aus. Augenblicklich hüllt es dich in einen ekelhaften Gestank ein, der auch den Ameisen entgegenströmt: Iih, pfui Teufel, wie das stinkt! Den Ameisen reichts, sie machen kehrt – du beruhigst dich, ziehst das Horn wieder ein und wendest dich deiner Lieblingsbeschäftigung zu: dem Fressen. Guten Appetit.

Deine Kindheit

Frisch aus dem Ei geschlüpft bist du sehr klein, vom Kopf bis zum Ende misst du nur ein paar Millimeter. Die Eihülle ist deine erste Mahlzeit.

Dann frisst du unentwegt wie die Raupe Nimmersatt. Du magst aber nur die Blätter von Möhren, Petersilie, Dill, Fenchel, Liebstöckel und Pastinake. Weil du so viel frisst, wächst du rasch. Dann wird dir die Raupenhaut zu eng und du musst dich häuten. Die alte Haut frisst du auch auf. Nach mehreren Häutungen bist du im Lauf der Wochen 45 mm lang geworden. Nun hast du deine endgültige Größe erreicht und deine Kindheit ist vorbei. Jetzt kommt der große Verpuppungszauber!

Das bist du!

SCHWALBENSCHWANZ

Anzahl von Babys in einem Gelege: 1

Beim Schlüpfen:

Körperlänge: wenige Millimeter

Gewicht: viel weniger als 1 g

Ausgewachsen:

Körperlänge: bis zu 40 mm, Flügelspannweite bis zu 75 mm

Gewicht: wenige Gramm

Alter: bis zu 2 Monate (gilt nur für die erwachsenen Falter)

Auffällig: einer der größten heimischen Schmetterlinge, schwarz-gelb mit langen Zipfeln und roten Augenflecken an den Hinterflügeln

Feinde: Vögel, Ameisen und viele andere Tiere

Deine Babytrick

Wenn du noch ganz klein bist, hast du einen Supertrick drauf, damit dich Vögel nicht fressen: Du siehst aus wie ein Häufchen Vogelschiss, raffiniert, nicht wahr!

Dein Wandel zum erwachsenen Schmetterling

Als dicke Raupe befestigst du dich mit einem Gürtelfaden an einem Stängel oder Stein und wirst zu Puppe. Während du scheinbar ruhst, wird im Innern der Puppe dein Raupenkörper zu dem Schmetterlingskörper umgebaut. Das dauert zwei bis drei Wochen – dann kommt dein großer Auftritt: Tataratam! Die Puppenhülle platzt auf und du entschlüpfst ihr als wunderschöner Schmetterling!

Stell dir vor, du wärst ...
ein Spinnenkind

Seit du im Frühling aus dem winzigen Ei geschlüpft bist, ist ein halbes Jahr vergangen. Damals warst du so klein wie ein Stecknadelkopf. Den ganzen Sommer lang hast du im Maschenzaun gelebt: Zwischen den Maschen hast du dein kleines Spinnennetz aufgespannt und darin deine Nahrung selbst gefangen: das waren Mücken, kleine Käfer und viele Motten. An einem sonnig-warmen Septembertag wirst du reiselustig. Es ist höchste Zeit, einen neuen Lebensraum zu erkunden. Du krabbelst den Zaun hinauf, bis es nicht mehr höher hinauf geht. Dort reckst du deinen kleinen Po in die Höhe und spinnst mit den Spinnwarzen einen Spinnfaden. Der Faden ist so leicht, dass er beim leisesten Windhauch fliegt. Der Faden wird immer länger und länger – und schließlich ist er so lang, dass du abhebst und fliegst. Langsam erhebst du dich in die Luft, kopfunter hängst du am Faden und lässt dich treiben. Der Garten, die Straße, die Wiesen und Felder ziehen an dir vorbei, dann ein großer Wald und wieder Wiesen und Felder, ein Fluss taucht auf, umstanden von hohen Pappeln – und im Geäst eines Baumes bleibt der Faden mit dir hängen. Sicher landest du auf einem Zweig und suchst dir gleich eine Stelle, an der du dein kleines Spinnennetz bauen kannst. Reisen macht hungrig!

Deine Zeit im Ei

Spinnenkinder wachsen in Eiern heran wie Vogelküken. Im Herbst sucht die Spinnenmutter eine geschützte Stelle für ihre Eier, etwa in Ritzen von Mauern oder Rinde. Dort spinnt sie eine Kugel aus feinster Spinnenseide, die sie sorgfältig an der Unterlage befestigt. In diese Kugel legt sie bis zu 200 winzige Eier. Danach spinnt sie noch mehr wärmende Spinnenseide um diesen Kokon und überlässt ihn sich selbst. Bis zum Frühjahr haben sich in den Eiern die kleinen Spinnenbabys entwickelt. An einem warmen Tag schlüpfen sie aus ihren Eihüllen. In der ersten Lebenswoche bleiben die Spinnengeschwisterlein beisammen. Zum Ruhen oder wenn sie gestört werden, bilden sie eine dichte Kugel so wie in dem Kokon. Dann trennen sie sich und jedes Spinnenkind sucht sich einen Platz zum Beutefangen mit dem Spinnennetz.

Deine Tarnung

Frisch aus dem Ei geschlüpfte Kreuzspinnenbabys sind gelb-schwarz gefärbt wie eine Wespe. Diese Färbung schützt sie vor gefährlichen Feinden wie den Vögeln: Diese meinen, die kleinen Spinnen seien wehrhaft und könnten schmerzhaft stechen. Dabei könnten sie den so viel größeren Vögeln gar nichts antun.

Das bist du!

KREUZSPINNE

Anzahl von Babys in einem Gelege: bis zu 200

Beim Schlüpfen:

Körperlänge: weniger als 1 mm

Gewicht: viel weniger als 1 g

Ausgewachsen:

Körperlänge: bis zu 1,8 cm

Gewicht: wenige Gramm

Alter: 2 – 3 Jahre

Auffällig: acht Beine, zweigeteilter Körper, weißes Kreuz auf dem Hinterleib

Dein Faden

Am Ende des Hinterleibs besitzt du Zeit deines Lebens wie alle Kreuzspinnen Spinnwarzen. Mit den Spinnwarzen spinnst du einen feinen Spinnfaden. Er ist so dünn, dass du 100 Fäden zusammenlegen müsstest, um auf die Dicke eines Haares zu kommen. Gleichzeitig ist der Faden fünfmal reißfester als ein gleich dicker Stahlfaden. Und er ist elastisch wie ein Gummiband.

57

Stell dir vor, du wärst ...
ein Tierbaby

Sommer, Sonne, Sonnenschein – in der wärmsten Jahreszeit im Jahreslauf leben bei uns die meisten Tierkinder. Wo du auch hinschaust, kannst du sie entdecken. Eine Rehmutter und ihr Kind frühstücken feine Kräuter auf der Wiese. Auch zwei Wildschweintanten führen eine ganze Horde frecher Wildschweinkinder – sie passen gut auf, damit keines ausbüxt. Unter der Erde, im dunklen Mäusenest drücken sich die kleinen Mäuslein dicht aneinander, sie wollen es ganz warm. Da raschelt es – Mama Maus kommt zurück! Nebenan wuselt es – geschäftig krabbeln die Ameisen um die Ameisenkinder im unterirdischen Bau. Sie füttern sie und reinigen immer wieder gründlich ihre weißen Körper, denn das können die Ameisenkinder noch nicht. Auf einem Ast erscheint die Meisenfamilie, sie haben die Nacht versteckt im Gebüsch verbracht. Nun sind die Meisenkinder hungrig und die Mutter stopft rasch jedem Meisenkind eine Raupe in den Schnabel. Auch die Spechte sind schon aufgewacht: Während Mama und Papa eifrig nach Insektennahrung an den Stämmen suchen, schauen die Küken laut schreiend aus der Spechthöhle heraus.

Glossar
Schwierige Wörter einfach erklärt!

Abwehrstoffe … sind körpereigene Zellen und Substanzen, die eindringende Krankheitserreger bekämpfen. Dadurch schützen sie den Körper davor, krank zu werden.

After … ist die hintere Öffnung des Darmkanals, durch den der Kot ausgeschieden wird.

Baumkrone … besteht aus vielen Ästen, die Blätter tragen. Sie erhebt sich über dem Stamm.

Böcke … sind männliche Tiere bei Ziegen, Schafen und Rehen.

Darmbakterien … auch Darmflora genannt, besiedeln vor allem den Dickdarm. Sie helfen bei der Verdauung der Nahrung, bilden lebenswichtige Vitamine und wehren Krankheitserreger ab.

Dunenfedern … sind die Flaumfedern im Gefieder der Vögel. Sie sitzen dicht um den Körper und halten ihn dank der vielen Luftzwischenräume wie eine Daunenjacke warm.

Eizahn … ist ein verhornter Höcker auf dem Schnabel der Küken, mit dem sie vor dem Schlüpfen die harte Eischale aufbrechen.

Flossensaum … ist ein häutiger Saum, mit dessen Hilfe sich manche Wassertiere fortbewegen können.

Fruchtblase … ist eine Hülle, in dem der Embryo während seiner Entwicklung zum Baby im Fruchtwasser der mütterlichen Gebärmutter schwimmt.

Geschlechtsreif … sind Tiere und Menschen, wenn sie sich fortpflanzen können. Man sagt, dass sie dann erwachsen sind.

Gewölle … sind die Klumpen aus unverdaulichen Nahrungsresten, die Eulen, Greifvögel und andere Vögel auswürgen. Sie bestehen, je nach der aufgenommenen Nahrung, aus Haaren, Federn, Knochen, Insektenpanzer und ähnlichem.

Kobel … ist das kugelige Nest des Eichhörnchens. Es besteht aus vielen Ästen und liegt im Innern der Baumkrone.

Kolonne … ist ein geschlossener Verband beispielsweise von Fahrzeugen, Radfahrern oder hier Ameisen, die sich dicht hintereinander auf einer Straße fortbewegen.

Konturfedern … sind die Deckfedern im Gefieder der Vögel. Sie bedecken die flaumigen Dunenfedern, bilden die Schwanz- und Flügelfedern und geben dem Vogel seine Gestalt. Durch ihren besonderen Aufbau sind sie fest. Da die meisten Vögel sie mit fetthaltigen Substanzen umgeben, weisen sie auch das Wasser ab.

Kot … sind die unverdaulichen Reste der Nahrung, die am After ausgeschieden werden.

Kreislauf … oder Blutkreislauf ist ein Strömungssystem im Körper von Menschen und Tieren, in dem das Blut in Adern vom Herzen in alle Körperteile und zurück fließt. Dabei versorgt das Blut die Organe und Muskeln mit Sauerstoff und Nährstoffen und transportiert Kohlenstoffdioxid und Stoffwechselprodukte.

Lefzen … werden die Lippen vieler Tiere genannt.

Mäuselsprung … heißt die Übung, bei der junge Schleiereulen das Jagen üben. Dazu laufen sie vor allem morgens und abends an ihrem Brutplatz bis zu 2 m weit umher. Auch Hunde, Füchse und andere Tiere erbeuten mit dem Mäuselsprung Mäuse, indem sie mit allen Vieren hochspringen und sich auf die Beute fallen lassen.

Mineralien … oder Mineralstoffe sind Salze, Nähr- und Spurenelemente, die lebensnotwendig sind, aber nicht vom Körper selbst hergestellt werden kann. Darum müssen Tiere und Menschen diese über die Nahrung aufnehmen.

Rangordnung … ist eine Reihenfolge von Tieren derselben Art in einer Herde oder einem Rudel, wobei die einzelnen Tiere einen unterschiedlichen Rang einnehmen: Es gibt höherrangige Tiere und niederrangige Tiere. Durch die Rangordnung herrscht Frieden unter den einzelnen Mitgliedern.

Raspelmund ... wird der besondere Mund der Kaulquappen genannt, mit deren Hilfe sie ihre Nahrung von Wasserpflanzen, Steinen und anderen Dingen abrapseln.

Rassen ... nennt man bei gezüchteten Tieren die verschiedenen Varietäten, die sich äußerlich voneinander unterscheiden.

Revier ... oder Territorium ist ein Gebiet, dass ein Tier oder eine Herde für sich beansprucht. In dieses Revier darf kein anderes Tier oder andere Tiere derselben Art eindringen. Die Grenzen des Reviers werden markiert, zum Beispiel mit Urin oder Kot.

Ricke ... ist ein weibliches Reh.

Samenblase ... ist ein Organ im Körper von Bienen- und Wespenköniginnen, in dem nach dem Hochzeitsflug die männlichen Spermien aufbewahrt werden. Auch viele andere weibliche Tiere besitzen ein solches Aufbewahrungsorgan.

Schwebteilchen ... oder Plankton sind winzige, im Wasser schwebende Lebewesen. Sie dienen vielen Wassertieren als Nahrung, indem sie diese herausfiltern.

Schwingenfedern ... sind die Deckfedern an den Flügeln. Sie bilden stabile Tragflächen zum Fliegen.

Spiegelaugen ... ... nennt man die spiegelnden Augen von Füchsen, Katzen, Rehen und vielen anderen nachtaktiven Säugetieren: Sie besitzen eine besondere spiegelnde Schicht (das Tapetum luzidum) am Augenhintergrund, dank der die Tiere bei Dunkelheit besser sehen können.

Stock ... oder Bienenstock heißt der Bau, den der Imker den Honigbienen als Wohnraum zur Verfügung stellt.

Vorfahren ... sind die leiblichen Eltern, Großeltern und Urgroßeltern, von denen ein Tier oder Mensch direkt abstammt.

Widder ... ist ein männliches Schaf.

Wiederkäuen ... tun Rinder, Hirsche, Rehe und andere Pflanzenfresser innerhalb der Paarhufer. Dabei würgen sie die Nahrung hoch und kauen sie weitere Male, um die darin enthaltenen Nährstoffe besser verwerten zu können. Alle Wiederkäuer besitzen mehrere Mägen.

Wohnkessel ... nur über luft- oder wassergefüllte Gänge erreichbarer, meist unterirdischer Wohnraum von Bibern, Dachsen und Wanderratten.

Wurfkiste ... ist eine meist eckige, nach oben offene Kiste mit etwas höheren Wänden, in deren Schutz eine Hündin, Katze oder anderes Heimtier seine Jungen gebären kann.

Weitere Bände der Reihe für dich!

Bärbel Oftring/Alexandra Helm

Stell dir vor du wärst ...
ein Tier im Garten

ISBN 978-3-89777-461-2

Bärbel Oftring/Alexandra Helm

Stell dir vor du wärst ...
ein Tier im Wald

ISBN 978-3-89777-460-5

Bärbel Oftring/Alexandra Helm

Stell dir vor du wärst ...
ein wildes Tier in Afrika

ISBN 978-3-96455-027-9

Bärbel Oftring/Alexandra Helm

Stell dir vor du wärst ...
ein Tier in der Nacht

ISBN 978-3-96455-081-1

Entdecke die Welt der Bienen!

Eine besondere Mischung aus Vorlese- & Sachbuch!

Aygen-Sibel Çelik/
Markus Gerhards

**Brummsumm – Entdecke die
Welt der Honigbienen**
ISBN 978-3-96455-035-4

Bienenhotel
EAN 403347709815

Bildnachweis